新郎新婦に寄り添う
ブライダル司会の極意

Bridal MC

全国司会者ネットワーク
全日本ブライダルMCアライアンス(BMCA)会長

恋塚 太世葉 著

はじめに

　私は22歳で司会の仕事を始めて以来、ブライダル専門で今日に至っています。私はブライダル司会の業務は把握していても、他の業種の司会については全くの素人です。

　司会(MC)と名の付くものとして、番組司会、ステージ司会、式典司会、葬儀司会、ブライダル司会などがあります。そしてそれぞれに満たさなければならないスキルやノウハウというものがあります。

　それらをマスターしてこそ、その領域の「プロフェッショナル」な司会ができるというものです。

　だからといって、ブライダルの専門家ではない、例えば、アナウンサーやナレーター、噺家、俳優、芸人、友人などはブライダル司会をするべきではない！　と言っているわけでは全くありません。

　結婚式は、新郎新婦にとって一生一度の晴れ舞台です。誰においてもブライダルの司会をするにあたっては、そのしきたりをマスターしてから臨んでほしいと、心から願うだけなのです。

　ブライダル司会者の職種は、サービス業であり、その中でも接客業です。そうである以上、大切なものは「ホスピタリティ」ではないでしょうか。

　このような観点から本書では、ブライダル司会者に求められる「おもてなしの心」を形にする、具体的な取り組み方やトークのテクニックなどについて、私の経験を基に紹介したいと思います。

　結婚式に携わる皆様と新郎新婦にご活用いただければ幸いです。

　　　　全日本ブライダルMCアライアンス　会長　**恋塚 太世葉**

目　次

はじめに……………………………………………………………　3

《用語解説》………………………………………………………　12

第1章　ブライダル司会の役割

プロとして学ぶべきこと……………………………………………　14

すべての施行を理解するのがプロ………………………………　16

ブライダル司会という保険………………………………………　16

司会者のランク付け………………………………………………　17
　　評価はお客様…18

お友達司会の落とし穴……………………………………………　18

司会者の手配………………………………………………………　19

司会者の更なる役割………………………………………………　20

第2章　打ち合わせ

打ち合わせのポイント……………………………………………　24
　　時間と場所…25／プロとしての対応…26／アイスブレイ
　　ク…26

打ち合わせの内容…………………………………………………　27
　　スケジュールの説明…27／プロフィール原稿…28──親
　　族・友人との関係 30

総合的な相談………………………………………………………　30
　　こだわり…30／余興の組数…30／演出の内容…31／楽器
　　の生演奏…32／チェックシートの活用…32

こだわりのヒントは会場選び……………………………………　34

ニーズを聞き出す…………………………………………………　35
　　料理か衣裳か…35

聞きづらいことをどう聞くのか…………………………………　36

聴き方のポイント…………………………………………………　37

4

● 目 次

新郎新婦へのアドバイス……………………………………… *40*
　笑顔の練習の勧め…*40* ／サンプル文面の提供…*40* ／手作
　りのペーパーアイテム…*41* ／列席者が喜ぶ演出を提案…
　42 ／お見送り…*42*

司会者のチェンジ……………………………………………… *42*

第3章　当　日

プロの司会者としての取り組み…………………………… *46*
　基礎練習は、し過ぎるということはない…*46* ／緊張しない
　ためには…*47* ／会場の空気…*48* ／キーの高さよりスピー
　ド…*49* ／マイクコントロール…*49* ／相手に応じての適切
　な言葉選び…*49* ／場に応じての適切な言葉選び…*50*

スタッフ………………………………………………………… *51*
　ウェディングプランナー /ブライダルコーディネーター…
　51 ／キャプテン…*52* ／アシスタントキャプテン…*52* ／サ
　ービススタッフ/サービスクリエーター…*53* ／介添え/ア
　テンダー…*53* ／カメラマン…*54* ／ビデオカメラマン…*54*
　音響・照明・映像オペレーター…*55*

人前結婚式……………………………………………………… *56*

披露宴（開宴前）……………………………………………… *58*
　席次表…*58* ／席札のチェック…*58* ／祝電…*59* ／祝電の読
　み上げる順番…*59* ／キラキラネーム…*60* ／祝電紹介の仕
　方…*61* ／祝電の割愛…*61*

開宴……………………………………………………………… *62*
　迎賓…*62* ／司会者の自己紹介…*63*

新郎新婦入場…………………………………………………… *64*

開宴の辞………………………………………………………… *64*

新郎のウェルカムスピーチ…………………………………… *65*

新郎新婦プロフィール紹介…………………………………… *65*
　媒妁人がいる場合…*65*

主賓の挨拶……………………………………………………… *66*
　恩師という言葉の便利な使い方…*67* ／「先生」の使い方…
　68 ／代議士の紹介の仕方…*68*

ウェディングケーキ入刀 ……………………………………………… 69
　ファーストバイト…70
鏡開き ……………………………………………………………… 72
シャンパンタワーセレモニー ……………………………………… 74
　シャンパン…74
乾杯の発声 ………………………………………………………… 76
会食のスタート …………………………………………………… 78
　フリードリンクの案内の仕方…78
お色直しの中座 …………………………………………………… 80
ご歓談 ……………………………………………………………… 81
キャンドルサービス ……………………………………………… 82
　メインキャンドル…83／ピラミッドキャンドル…83
余興 ………………………………………………………………… 84
　子供たちへのプレゼント…84
花嫁の手紙 ………………………………………………………… 85
　文面のアドバイス…85
親御様への花束贈呈 ……………………………………………… 86
謝辞 ………………………………………………………………… 87
新郎新婦退場 ……………………………………………………… 87
閉宴の辞 …………………………………………………………… 87
　エンドロールムービー…88
お見送り …………………………………………………………… 89
進行に際しての補足 ……………………………………………… 89
　映像(DVD)の上映…89／走り回る子供対策…91／広さは
　東京ドーム何個分！とは言いますが…91／ご祝儀…92
気遣い ……………………………………………………………… 93
　ご両家への気遣い…93／スピーチ、余興の方への気遣い…
　94／列席者への気遣い…94 —— 料理の重要性 94 —— 進行に
　関する説明 95 —— 忘れ物のご案内 95 —— サービススタッフへ
　の気遣い 96

第4章　基礎知識

日本本来の結婚式の考え方……………………………………… 98
日本国憲法にある婚姻に関する記載…………………………… 99
新郎新婦のニーズのトレンド…………………………………… 100
料理………………………………………………………………… 102
　西洋料理(フランス料理)…102 ── フランス料理はソースの
　料理 103　イタリア料理…103 ／日本料理…104 ／中国料
　理…105 ／セレクト料理…105
衣裳・小物………………………………………………………… 106
ヘアメイク………………………………………………………… 107
装花………………………………………………………………… 108
テーブルコーディネート………………………………………… 108
写真………………………………………………………………… 109
映像………………………………………………………………… 109
引出物……………………………………………………………… 110
引菓子……………………………………………………………… 111
プチギフト………………………………………………………… 111
エステ……………………………………………………………… 112

第5章　トラブル

トラブルに立ち向かう…………………………………………… 114
トラブルの対処方法……………………………………………… 115
　地震・火災・停電…115 ／新婦の体調不良による中座…115
　飛び入り余興の頼み方…116 ／飛び入りの断り方…116
トラブル対応の事例紹介………………………………………… 117
　ベールアップ…117 ／汚れ役…117 ／脳震盪…118 ／箸袋…
　119 ／親御様への花束クロス贈呈とストレート贈呈…119
　スナップ撮影…120 ／納入業者のトラック…120
トラブルのイメージトレーニング……………………………… 121
　結婚式場側が起こした、あってはならないトラブル…121
　新郎新婦や列席者が起こしたトラブル…122 ／列席者から
　司会者に寄せられる苦情事例…123
会場に行けなくなったら………………………………………… 123

第6章　正しい日本語と言葉遣い

日本語の特性 ……………………………………………………… *126*

語彙 ………………………………………………………………… *126*
　語彙を増やす…*127*

敬語 ………………………………………………………………… *127*
　尊敬語…*127* ／謙譲語…*129* ／いただきます、くださいます
　…*129* ／丁寧語…*130* ／二重敬語はNG…*130* ／その他NG
　敬語表現…*131*

恋塚流トレーニング ……………………………………………… *132*
　言葉は真似て覚えるもの…*132* ／ NHKニュースを観る・聴
　く…*133* ── 標準語と共通語 *133* ── 共通語と放送用語 *134*
　NHKニュースの観方、楽しみ方…*135* ── 日本は「にほん」か
　「にっぽん」か？ *135* ── 数字の読み方(2019年) *136* ── 時代
　に合わせての適切な言葉選び *137* ／落語・講談…*138* ／池上
　彰さんの番組を観よう…*139* ／忌み言葉…*139* ／小学生言
　葉…*141* ── ら抜き言葉 *141* ── さ入れ言葉 *144* ── れ足す言
　葉 *144* ── を入れ言葉 *145*　訛り言葉、俗語…*145* ／促音化
　…*146* ／直音化…*146*

気になる言葉 ……………………………………………………… *147*
　ご新郎ご新婦ご入場です、新郎新婦のご入場です…*147* ／
　おめでとうございます、おめでとうございました…*147* ／
　列席、参列…*148* ／立会人、立合人…*148* ／親御、姪御、甥御
　…*149* ／神職、神主、神官…*149* ／教会、チャペル、大聖堂…
　149 ／おいでくださいまして、お越しくださいまして…*150*
　いらしてください、いらっしゃってください…*150* ／お座
　りください、お掛けください、ご着席ください…*151* ／いた
　しますか、なさいますか…*151* ／そうなんですか、そうなん
　ですね…*152* ／習慣、慣習…*152* ／非日常的、非現実的…*153*
　お料理、お食事…*153* ／匂い、香り…*154* ／ピジョンリリー
　ス、ダブリリース…*154*

本来の意味を把握しよう ………………………………………… *155*
　入籍という言葉…*155* ／お勤め…*155* ／宴たけなわ…*156*
　形になります…*156* ／となっております…*157* ／バタバタ
　しておりまして…*158* ／「全然」の使い方…*158* ／ダーズン

●目次

ローズ(Dozen Rozes)セレモニー…*159* ／結婚は人生の
墓場である…*159*

第7章　海外のブライダル

婚姻の成立 ………………………………………………… *162*
欧米の結婚式 ……………………………………………… *163*
　手作り…*163* ／結婚式は土曜日に集中…*164* ／欧米の披露
　宴には司会者はいない…*164* ／欧米のダンスと日本の舞い
　…*165* ／欧米のご祝儀事情とブライダルレジストリ…*165*
　ぜひアメリカを参考に…*166* ／ウェディング保険…*167* ／
　結婚指輪 *168*
世界のウェディング事情 ………………………………… *169*
　ハワイなどのビーチリゾート…*169* ／ヨーロッパ…*169* ／
　オーストラリア…*169* ／アメリカ本土…*170* ── ショットガ
　ンウェディング *170*
海外ウェディング事例 …………………………………… *171*
ハワイ(アメリカ) ………………………………………… *171*
　宗教…*172* ／結婚の手続き…*172* ／ハワイアンウェディン
　グ…*173* ／アロハ・スピリッツ…*174* ── ハワイウェディング
　は雨でも大丈夫 *174* ── ハワイの虹の色は６色 *174* ── プル
　メリアの花 *175* ── ククイナッツのレイ *175*
イタリア …………………………………………………… *176*
　宗教…*176* ／結婚の手続き…*177* ／イタリアの結婚式形態
　…*178* ── 宗教結婚式 *178* ── 市民結婚式 *179*　挙式後の写
　真撮影…*179* ／イタリア式披露宴パーティ…*180*
イギリス …………………………………………………… *181*
　宗教…*181* ／結婚の手続き…*182* ／教会での結婚式(英国国
　教会の式)…*182* ／レジストリオフィス(登記所)での結婚
　式…*183* ／英国スタイルの披露宴…*183* ／衣裳…*184*
フランス …………………………………………………… *185*
　宗教…*185* ／結婚の手続き…*186* ／市民結婚式…*186* ／フ
　ランス式披露宴パーティ…*187* ／リゾートウェディング…
　187 ／言い伝え…*188* ── 雨の結婚式 *188* ── シャンパンの弾
　ける泡の音 *188*

9

ドイツ··· *189*
　宗教…*189*／結婚の手続き…*190*／花嫁衣裳…*190*／ドイ
　ツならではの演出…*191* —— ポルターアーベント *191* —— 披
　露宴二次会での花嫁の誘拐ゲーム *192* —— のこぎりで丸太切り
　192 —— 花嫁のベール *192* —— 白いシーツくぐり抜け *192* ——
　バームクーヘン事情 *193*

海外ブライダルの縁起物······································· *194*
　サムシング４（イギリス）…*194*／ケーキ入刀（古代ローマ）
　…*195*／新郎のケーキ（欧米全般）…*196*／６ペンスコイン
　（イギリス）…*196*／フラワーシャワー、ライスシャワー（欧
　米全般）…*197*／ベール、ベールダウン（欧米全般）…*196*／
　ブーケトス（イギリス、アメリカ）…*197*／ガータートス（イ
　ギリス）…*198*／ケーキチャーム（イギリス）…*198*／オレン
　ジとオリーブ（イタリア）…*199*／馬蹄デザインの飾り（イ
　ギリス）…*199*／ユニティキャンドル（欧米全般、カトリッ
　ク）…*199*／コンフェッティ（イタリア）…*199*／バチュラー
　パーティ（アメリカ）…*200*／シャワーパーティ（オランダ）
　…*200*／スタッグパーティ、ヘンパーティ（イギリス）…*200*
　／ウェディングパーティ（欧米全般）…*200*／教会の大きな
　鐘…*201*／乾杯でグラスを合わせて音を鳴らす（欧米全般）
　…*201*／リハーサルディナー（欧米全般）…*201*／ウェディ
　ングカーに付ける空き缶（欧米全般）…*201*／ウェディング
　カーのマフラーにニシンの燻製（イギリス）…*201*／フラワ
　ーガール、フラワーボーイ（欧米全般）…*202*／バージンロ
　ード（欧米全般）…*202*

第8章　これからの課題と予想

課題··· *204*
　婚姻組数の減少（国内）…*204*／なし婚の増加…*205*／同性
　婚の行方…*205*
令和のブライダル業界予想····································· *206*
　国内リゾート婚の増加…*207*／小規模人数での結婚式は今
　後も増える…*208*

●目次

ブライダル司会者の7つ道具

1. 一般常識………………………………………………… 211
2. ブライダルのしきたり・知識……………………… 212
3. 接客マナー……………………………………………… 213
4. 品位……………………………………………………… 214
5. 言葉遣い・敬語……………………………………… 215
6. おもてなし…………………………………………… 216
7. 気配り………………………………………………… 217

あとがき………………………………………………… 218
BMCA ブライダルMCアライアンスのご紹介 …………… 219

《用語解説》

【ウェディング（Wedding）】

一般用語としての「結婚」「結婚式（セレモニー）」の意味。

語源は「ウェッド（Wedd）」で、意味は「補償金」「掛け金」「抵当に入れる、保証する」。遠い昔の話ヨーロッパでは、嫁を貰う時に、新郎側から新婦側へ補償金を支払う習慣がありました。やがてWeddingは、二人の誓い、約束といった夢のある意味合いに発展していきます。

【ブライダル（Bridal）】

花嫁、婚礼の意味。語源は、Bride（花嫁）＋Ale（エールビール）＝花嫁のビールの宴。その昔ヨーロッパの結婚の宴は、花嫁が「私もおかげさまで成長し、こんなに立派な料理を作れるまでになりました。どうぞ皆様召し上がってください」と、花嫁が中心になってウェディングケーキを始めとしておもてなし料理を準備しました。パーティといえば、お酒！　ビールはエールビールを作ってもてなしたことから「花嫁のビールの宴」という意味のBridalが花嫁、婚礼という広い意味の言葉に発展したようです。

【マリー（Marry）】

「結婚する」の意味。結婚させられたというものではなく、前向きな意志が反映されています。よって用法としてMarry with ～となります。また、Marry＋age＝ marriageとなると、年月を超えてとなり、いつまでも幸せでという意味合いが強まります。

＊本書では、挙式・披露宴の司会者を「ブライダル司会者」と表記します。
＊ホテル、結婚式場、ゲストハウス、レストランなど結婚式を行う施設は「結婚式場」、披露宴を行う部屋は「会場」と表記します。
＊文中で表記される団体名や名前は、すべて架空のものです。

第1章　ブライダル司会の役割

司会者にとって、「正しい日本語で、適切な表現で話す」ことや、「スムーズな進行をする」ことは大前提です。

ブライダル司会者には、更に重要な役割がいくつかあります。

一つは新郎新婦の代弁者として、お二人のこだわりやおもてなしの気持ちを、ブライダルのしきたりや慣習に精通し、それを踏まえた上で、伝えることです。

列席者のための披露宴の空気作りも、重要な役割の一つです。これが「披露宴は司会で決まる」と、言われる理由でもあります。

出過ぎることなく、全体を明るいムードへと誘導します。究極の司会進行は「司会者はしゃべっていないのに、和やかに進行している」、そんな状態でしょう。

一緒に披露宴を創り上げていくスタッフに配慮して、かゆい所に手が届く司会進行ができるかどうかも、大切です。

その場にいるすべての人に対する気配りを学び、それを自分のものにできたら、「おもてなし」をマスターした人柄ができ上がるでしょう。そこからの成長は、俄然早くなります。

プロとして学ぶべきこと

先ずは語り手として、日々の言葉遣いについて、自分を高めるように心がける必要があるでしょう。その上でプロの司会者として話し方に対して研鑽を重ねることが求められます。

トレーニングの方法など、詳細は後述いたします。

日々変化する新郎新婦のニーズをキャッチするための「情報収集」も重要です。

そのためには、現場で体感することに加え、ニーズの把握のために『ゼクシィ』を始めとするブライダル情報誌や業界紙（誌）などを読み込むことも大切です。ブライダル情報誌は高くても数百円です。フリーペーパーであることも多く、タイムリーで豊富なブライダル情報が入手できる優れ物です。

　もちろんブライダルに関する知識も必要となります。司会者にはプロデュース力も求められているからです。
　例えば、席次表の配席についてアドバイスできること、ドレスのデザインについて知っていること、ブーケや花の種類を把握していること、料理の知識があること、引出物のトレンドを知っていることなどが、披露宴でのトークの奥行きに繋がっていきます。

　ブライダルに関する知識を得るためには、公益社団法人日本ブライダル文化振興協会（BIA）が実施する国家検定「ブライダルコーディネート技能検定」や、国内、海外の各種ブライダル団体の認定資格を取得することも大いに意味があります。
　私は、全米ブライダルコンサルタント協会（ABC）から上級ウェディングヴェンダー（国内取得第一号）の認定を、Weddings Beautiful Worldwide（WBW）からウェディングスペシャリストの認定をそれぞれいただいています。
　ABC協会の認定を希望した理由は、世界で一番大きなブライダル事業者の団体であり、国際業界標準に相当し、日本と米国両方のブライダル知識を習得できるからです。米国のブライダルを勉強することには大きな意味があり、それを深耕したいという思いで、コ

ネチカット州に本部を置くABC協会、バージニア州に本部を置くWBWのプログラムを活用し、認定をいただきました。

認定取得は自分への投資でもあります。認定資格は「知識や実践が充分であると社会的に認められる」ことであり、また「私はこの分野を専門的に学んだ」というアピールにもなるからです。

ぜひチャレンジしてみてください。

すべての施行を理解するのがプロ

結婚式には、ケーキ入刀、花嫁の手紙、花束贈呈などたくさんのシーンがあり、それぞれのシーンにいくつものパターンがあります。

例えば、ケーキ入刀一つをとっても、ケーキの大きさやデザインのこだわり、ファーストバイトのスタイルは交互なのか同時なのか、サンクスバイトやラストバイトは取り入れるのか、それらのバイトの組み合わせや順番はどうするのか、バイトはスプーンでいいのか、ケーキ以外の物への入刀はあるのか、写真撮影のタイミングはいつにするのかなど、その内容や進行の仕方は無限にあります。

ファーストバイトの詳細については後述いたしますが、先ずはこれらの基本パターンを熟知していなければなりません。

なぜならば、そうすることで、変則パターンに対応することができるようになるからです。

ブライダル司会という保険

ブライダル司会者は、この会場ならどんな演出が可能なのか、そ

のスタートのタイミングは誰とどのように連携すればいいのか、いつどのようなトークをすれば盛り上がるのかなどを熟知しています。

ブライダルシーンや演出の時間をトークで調整したり、食事と演出のタイミングを合わせたりなど、時間管理にも長けています。そして何より、機転を利かせたトラブル対応は、現場経験が豊富な司会者ならではの保険と言えるでしょう。人が集まる結婚式では、思いがけないトラブルも起こりがちだからです。

トラブル例と対処の仕方に関しては、後述いたします。

司会者のランク付け

ブライダル司会者ほどリスクの大きな職種はなく、精神的負担も決して小さくありません。なぜなら、結婚式では決して失敗は許されず、また司会者次第で披露宴の雰囲気が如実に変わるからです。

司会者はベテランもいれば、中堅、そして新人もいます。しかしながら、司会者の料金が一律である会場がほとんどです。

例えば、レンタカーを借りる場合を想定してみましょう。高級車のベンツか、ほどほどのスポーツカーか、軽自動車かによって、当然価格は変わってきます。

司会者も、品質で価格が違っていいはずです。

そして司会者自身は、高品質で高価格な評価がもらえるように、切磋琢磨するべきです。

評価はお客様

列席者の司会に対する評価は、お開き時ではありません。

お客様が家に帰って、ビール片手に今日一日を思い出し、新郎新婦の幸せな様子や司会者トーク、一緒に時間を過ごした列席者の笑顔を思い浮かべる時です。

　そして、これまで出席した披露宴と比較することでしょう。

　いい司会とは、聞いていて疲れない、もっと聞いていたくなる、拍手を！　と言われたら迷わずに拍手を送りたくなる、そんな信頼できる案内役なのです。

お友達司会の落とし穴

　親しい友人に司会を任せたい、と考える新郎新婦も少なくありません。確かに、大好きな仲間と一緒に結婚式を創り上げることを想像すると、わくわくするでしょう。

　しかし司会に慣れていないと、時間や順番を気にしすぎて、形式的な進行役になってしまう恐れがあります。

　逆に、時間管理ができずに、披露宴の後半がバタバタになってしまうこともあるかもしれません。

　また前述したように、結婚披露宴の司会をするには、細やかな知識も必要です。例えばウェディングドレスは、花嫁が選んだお気に入りのはずです。そのこだわりを時には独自の言葉も添えながら、丁寧に語ってあげられるでしょうか。

　それに、もしもトラブルが発生した時、素人の司会者に重要な判断を委ねるのは気の毒な気もします。

　結婚式は新郎新婦が自分たちと列席者のために行うものであり、またやり直しがきかない一回勝負であると考えると、やはりプロの

司会の方が安心だと思いませんか。

司会者の手配

　列席者の披露宴に対する評価には、新郎新婦が主役としていかに輝いたか、披露宴がいかに盛り上がったかなどがあります。そしてその印象は、司会者が列席者に与えていると言っても過言ではありません。ですから司会者選びは新郎新婦にとって大変重要なのです。

　新郎新婦が結婚式の会場を決めた後のスケジュールですが、挙式日の約３か月前から具体的な準備が始まり、招待状の作成からのスタートとなります。しかし可能ならば、司会者もそのタイミングで決めてほしいと思います。

　新郎新婦は、プランナーと３人で打ち合わせを重ねプランを組み立てていきます。一方、司会者との打ち合せは、挙式の直前に１回のみであることが少なくありません。司会者はこの司会者打ち合わせの段階で、その披露宴の進行表を初めて目にするわけです。

　例えば、進行について、明らかに順番を変えた方が流れとして「物語」になるとか、これとこれの間にもう１つこれを入れるともっと良くなる、などと考えることがしばしばあります。

　しかし、新郎新婦とプランナーで組み立ててきた進行を挙式間近になって修正するのは、プランナーにとっては負担でしょう。

　どうか司会者を早めに手配していただき、共に創り上げる仲間として、ぜひ積極的に活用してほしいと思います。

司会事務所では、司会者のオーダーが入ると、先ず売れっ子から仕事を入れていきます。もちろん挙式の1か月前でも司会者の手配は可能ですが、結局は、「大安・友引」に暇を持て余している司会者しか残っていない状況です。

　機転の利く、そして相性のいい司会者と出会うために、早め早めに司会者の手配をしてほしいと希望します。

司会者の更なる役割

　ブライダル司会者は様々な結婚式場で、司会をする機会を得ています。結婚式場によって、設備もスタッフも進行の仕方も違います。私たちはそのたびに創意工夫を重ねてきました。そのおかげで結婚式に関する経験値や情報量は、かなり大きいと思います。

　一方、結婚式場のスタッフにとっては、他社の詳細を知ることは簡単ではないでしょう。

　もっと良い結婚式を！　と考えた時に、司会者に情報やアドバイスを求めていただければ、私たちはかなり実効性の高いお手伝いができるのではないかと、密かに自負しています。

　しかしながら、実際には司会者の意見が反映されにくい環境にあります。残念で仕方ありません。

　この問題は、私たち司会者側にもあるかもしれません。

　司会者自身、新郎新婦やプランナーにもっと声が届くように、積

極的に働きかけていたでしょうか。

　結婚式の印象に大きく関わる司会者であるからこそ、改善点など
があれば、もっと声を大にして伝えるべきではなかったかと、自省
も含めて考えてしまいます。

　結婚式場は、ブライダルフェアなどの反省会や、次回のフェアの
企画会議を行います。そしてそこにパートナー企業が呼ばれること
は、滅多にありません。

　しかしながら、そうしたミーティングに参加して意見を述べる機
会を持てるよう、こちらからもっと積極的にお願いすれば、現状が
変わるかもしれません。

　新郎新婦の「司会者への要望」などの声が届くきっかけに繋がる
ことも、考えられます。

　先ずは自分から動くことが大切なのです。

　そうした姿勢こそが「ブライダル司会者」の存在意義であり、プ
ロとしての「誇り」に繋がるのではないかと思えてなりません。

第2章　打ち合わせ

ご縁をいただいた新郎新婦と初めてお目にかかるのが、打ち合わせの機会です。

　打ち合わせは、披露宴の1〜2週間前に行うことが一般的です。それはこの時期にプランナーと新郎新婦との最終打ち合わせが行われ、列席者数や席次、演出などが確定されているからです。

　ほとんどの場合、新郎新婦と司会者の3人での打ち合わせとなるのですが、新郎新婦の多くは「不安」と「期待」を抱いてやってきます。

　不安は、初めて取り組む結婚式への不安です。

　そして期待とは、新郎新婦それぞれが持っている「私たちのこだわりを、どうやって実現してくれるのかな？」という思いです。

打ち合わせのポイント

　打ち合わせを心地よく楽しんでもらえるためのポイントは、次の通りです。

　司会者は、

・清潔感をもって、明るく登場する
・新郎新婦にとって安心できる存在であることをアピールする
・良い第一印象をアピールする（爽やかに、元気に）
・新郎新婦を自分の側に引き寄せるのではなく、お二人に歩み寄るつもりで接客する

　これができれば、成功間違いなしです。

第2章 ● 打ち合わせ

　新郎新婦に信頼されるための方法は、新郎新婦が知らない情報を
たくさん教えてあげることでしょう。内容は、もちろんブライダル
に関することです。ブライダル情報誌に載っていない現場のことを
教えてあげたら、聞いている側はとても得をした気持ちになるでし
ょう。

　これは、ベテラン司会者が得意とするところです。しかし、若手
司会者であっても、たくさん知識を身につけて、情報を集めるよう
にすれば、それに近づけることができます。

時間と場所

　打ち合わせは1回であることが多いのですが、なるべく約1時間
で終わらせるように心がけます。それ以上になると、新郎新婦の集
中力が持たなくなるからです。

　場所は、結婚式場のブライダルサロンがほとんどです。結婚式場
から「他の場所では打ち合わせをしないこと」と、指定されること
もあります。

　指定がなければ、他の場所で打ち合わせをすることも可能です。

　その場合は、近隣のホテルや施設のロビーやフロントの前などを
待ち合わせ場所にすると便利です。目印として披露宴を行う結婚式
場のＡ４サイズの封筒をお互いに持つと簡単に会うことができます。

　見つけたら、司会者から積極的に声をかけましょう。

　その後は、喫茶店などで打ち合わせをします。

25

プロとしての対応

　新郎新婦からは、様々な質問が寄せられます。それに対して「○○だと思いますが…」とか「たぶん○○でしょう」という、曖昧な表現はしないことです。

　ただでさえ不安を抱えている新郎新婦なのですから、ここはブライダルのプロとして「○○です」「○○ます」と答えて、安心させてあげましょう。

　ただし、その場の判断や想像で答えるのは、もちろん論外です。

　自分で判断できない時でも、「分かりません」とは言いません。「私では分かりかねますので、プランナーに確認してからお返事いたします」と、答えます。

　例えば、「余興で10人一緒に歌ってもらいたいのですが、スペースは大丈夫でしょうか？」という問いかけに対して、「たぶん大丈夫だと思いますよ」では、無責任です。「はい、大丈夫です」、または「列席者数によって空きスペースも変わってきますので、少しお時間をください。今、プランナーに確認いたします」と、答えます。

　披露宴は様々なパートナー企業が関わり合いながら進めます。司会者が勝手に大丈夫と言ってしまうと、何かトラブルが起こった時には、司会者の責任問題にもなってしまいます。

アイスブレイク

　緊張しているのか、なかなか口を開いてくれない新郎新婦は意外に多いものです。そこで、リラックスして話せる環境作りから始めます。いわゆるアイスブレイクですね。

　緊張を解きほぐすための手法として、先ずはYes、Noで答えられ

る質問から始め、会話が弾んできた頃に笑顔で、「それ、もっと具体的に教えていただいてもいいですか？」と進めていきましょう。

また「分からないことはどんどん聞いてください。何でもお答えします」という言葉は、親切そうに思いがちですが、これは「聞いてくれれば答えます」という、プル（待ち）型スタイルです。

望ましいのは「一緒に素敵な披露宴を作り上げましょう」と伝えるプッシュ（攻め）型スタイルです。

打ち合わせの内容

打ち合わせの内容として、次のようなものがあります。
・披露宴スケジュールの説明
・スピーチや余興をする人との関係、肩書き、名前、紹介の仕方
・総合的な相談

スケジュールの説明

披露宴は2時間半の場合がほとんどです。そのスケジュールは、時間を数直線で示す進行表で説明すると分かりやすいでしょう。

このシーンにかけられる時間は何分、キャンドルサービスの後の余興の時間は何分あって、何組までは可能などを視覚的にも理解してもらえます。

新郎新婦の要望を聞いてスケジュールを組み立てますが、どうしても時間内に収まりきれない場合は、そのことをお二人に告げて、変更を促します。イベントや余興を減らしてもらうか、3時間のコースに変えてもらうかになるでしょう。

３時間のコースに変更したくても、披露宴後の会場に次の予約が入っている場合は延長できません。先ずプランナーに確認が必要です。可能だとしても、会場費やスタッフの費用に延長料金が加算されます。また、料理が２時間半で終了する場合は、残りの30分は飲み物だけを飲んでもらうことになります。列席者からはブーイングになるかもしれません。

　そもそも２時間半でスケジュールを立てても、実際はそれ以上になってしまうケースがほとんどです。３時間のコースでスケジュールを立てても、３時間では収まらないということです。

　そう考えると、あくまで２時間半でスケジュールを組み立てた方が無難ですと、説明した方がいいでしょう。

　打ち合わせの場でどうしても決まらなかったことは、宿題として新郎新婦に持ち帰ってもらいます。その後はＥメールやファックスなどでそれを受けとりましょう。

　電話でのやり取りでは、言った・言わないで揉めることもあります。お互いに後々確認できますので、書いた物をもらえるようにしたいものです。

　もちろん、Ｅメールやファックスが届いたら、「着信しました。ありがとうございました」と、連絡を入れるのが礼儀です。

プロフィール原稿

　新郎新婦のプロフィール紹介は、以前は媒酌人がしていたものですが、現在では司会者がそれに代わり、原稿を読み上げます。時間にして３～５分程度です。そしてその原稿作成も司会者の仕事です。

第2章 ● 打ち合わせ

　原稿の構成としては3ページ程度で、新郎、新婦、なれそめについて紹介します。

　新郎（または新婦）については
　・氏名
　・生年月日
　・出生地
　・親御様名
　・祖父母・兄弟姉妹
　・幼少の頃の思い出
　・小学校、中学校、高校、大学の思い出
　・就職・現在の仕事内容
　・趣味・楽しみ
などがあり、必要に応じて加えたり省略したりします。

　なれそめのページの記載項目は
　・知り合った時期（○年前の20○○年○月）
　・初対面の様子・印象
　・お付き合いのきっかけ
　・交際中の思い出話
　・プロポーズの話
　・入籍済であればその報告
　・妊娠や子供の有無
　・新居
などが網羅されていればいいでしょう。

親族・友人との関係

スピーチ、余興などで登場する方を紹介するための情報収集です。

・仕事関係の場合

　新郎（または新婦）との間柄、肩書き

・友人の場合

　新郎（または新婦）との間柄

・親戚の場合

　新郎（または新婦）との間柄

　身内の立場になるために、基本的に肩書きは紹介しません

総合的な相談

こだわり

　新郎新婦のこだわりであれば、料理や衣裳のそれをご紹介します。料理であれば、特別な食材であることや特別感のある料理であることなどです。

　衣裳については、新郎新婦の二人で相談し決めたのか、お母様のアドバイスもあったのか、代々受け継いで来た小物を身に着けているのか、などです。衣裳のこだわりは、ぜひ紹介したい項目です。

余興の組数

　余興は、一組５分で見積もります。

　余興の総時間の枠に収まりそうになければ、新郎新婦の中座中に回す、５分経ったらバッサリと切る、一番だけ歌ってもらう、組数を絞る、などの対応をお二人に考えてもらいます。

第2章　打ち合わせ

　それでもどうしても時間内に収まらない場合は、プランナーと相談して「会場側から難しいと言われました」ということで、断りを入れます。

　逆に少ない場合は、空いた時間は新郎新婦との撮影タイムも取れる、食事をゆっくり楽しめるなど、余裕をもって過ごせるなどメリットを伝えてあげましょう。

演出の内容

　「キャンドルサービスの代わりになる、いい演出はないでしょうか？」という質問を受けることがあります。

　クッキーなどのプチギフトを配ることもいいでしょう。

　披露宴前に受付で一人一人のインスタント写真を撮り、そこに新郎新婦へのメッセージを書いていただき、お色直し入場のタイミングで、お二人が手にしているバスケットに入れるのも、参加型の演出で喜ばれます。

　ただ、お薦めできない演出もあります。

　余興が盛りだくさんの場合ですが、再入場時に各テーブルで記念写真を撮る、ビールやワインを注いで回るなど、時間がかかるものは避けた方がいいでしょう。

　その後の余興へも影響しますし、テーブルを回る間は料理がストップしますので、宴自体が延長してしまう恐れもあります。

楽器の生演奏

　楽器によって、良し悪しが分かれます。

　基本的に、隣の部屋に音が漏れて迷惑がかからないことが大前提です。ダメな物としては、トランペットやエレキギター、大太鼓などが挙げられます。

　とはいえ、隣の部屋が空いている、防音対策がされているなどの理由で、可能な場合もあります。

　「お受けできない場合もありますので、プランナーに確認してまいります」と、いったん席を外して確認しましょう。

チェックシートの活用

　打ち合わせの時点で、「まだ何も決まっていなのですが…」という場合も少なくありません。

　進行のパターンをすべてお話し、決まっていない部分は宿題にします。

　新郎新婦への聞き忘れがないように、チェックシートを活用しましょう。

　チェックシート（項目）の例

　・迎賓の有無

　・衣裳（白無垢？　色打掛？　振袖？　白ドレス？　新郎は？）

　・料理の種類

　・ケーキ入刀時のファーストバイトの有無、順番

　・お色直しの有無

　・お色直し後の衣裳

・お色直しの中座（別々か？　一緒か？　エスコートは？）

・お色直し入場時の演出

・花嫁の手紙有無（読む人は？）

・親御様への贈呈有無（贈呈品は？）

・贈呈（自分の親へ？　相手の親へ？）

・謝辞（新郎父？　新郎？）

・上映映像の回数と場面など

　以上はチェックシートの例ですが、これらの項目が進行表に記載されていれば尚更、確実な打ち合わせができます。

＊ブライダルMCアライアンス（BMCA）のホームページから、これらを網羅した進行表等資料のダウンロードができます。ぜひ、ご活用ください。（http://bmca.jp）

こだわりのヒントは会場選び

新郎新婦は、いくつかの結婚式場を見学して検討した結果、そこに決めたことでしょう。

ではその決め手は何だったのでしょうか。チャペルが素敵、交通の便がいい、ロケーションが素敵、アットホーム感があるなどが考えられます。

司会打ち合わせの冒頭に、そのことを尋ねてみるといいでしょう。

そこにその新郎新婦のこだわりが見えてくるからです。

各々の結婚式場の持っている長所・短所から発生するこだわりもあるでしょう（レストランなら料理が美味しいなど）。

それらも加味しながら、ニーズを見つけ出していきましょう。

結婚式場選びの５つの指標は、次のようになります。

・ハード　施設の設備(バリアフリー対応か高級感があるかなど)
・ソフト　スタッフの接客
・品　質　挙式・披露宴の品質
・価　格　適正な価格かどうか（品質に応じた価格かどうか）
・こだわり　自分たちのこだわりが実現できるかどうか

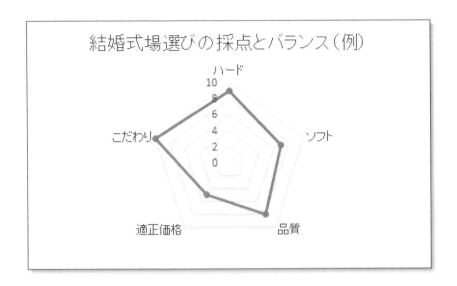

ニーズを聞き出す

　昨今の新郎新婦は、おもてなし重視の傾向があります。しかし、そうではない新郎新婦も、当然いらっしゃいます。
　そこで新郎新婦のニーズを聞き出す方法（心理テスト）をお教えしましょう。ニーズを把握し、適切なアドバイスができれば、司会者として信頼してもらえます。

料理か衣裳か
　究極の選択です。新郎新婦は料理にこだわっているのか、衣裳にこだわっているのか、それをさりげなく聞き出せれば、内々のニーズが読みとれるというものです。

・料理重視：おもてなし重視

　　　　　列席者が楽しめるような演出を提案すると喜ばれる
・衣裳重視：どちらかと言えばワガママ婚（私の花嫁姿を見て！）

　　　　　新郎新婦が楽しめる演出を提案すれば喜ばれる

　料理も衣裳も両方大切だ、という新郎新婦もいらっしゃいます。それは、経済的に余裕があるということです。

聞きづらいことをどう聞くのか

　大切なのは「新郎新婦と仲良くなったからといって、何を聞いてもいいわけではない」という良識です。相手のプライベートに立ち入らないということ、それは日本の文化であり、日本人の美学だからです。とはいえ、情報を収集しなくては有意義な打ち合わせにならないでしょう。

　例えば、席次表に父（または母）の名前がない場合が少なくありません。理由は亡くなっているか、離婚しているかでしょう。

　司会者としては、その理由を把握しておく必要があると思います。事前にプランナーに確認できればいいのですが、プランナーが把握していない場合が意外に多いようです。しかし、分からないままで本当に大丈夫なのでしょうか。

　もしも思いもかけないアクシデントや要望が発生した時、状況を把握しないままでは、きちんとした対応ができないかもしれません。

　好奇心をベースにした質問であれば、それはもちろん失礼極まりない行為です。しかしながら、挙式や披露宴の進行をする者として、

知らないことや分からないことを確認することは、知的な作業です。新郎新婦の理解者としての立場で、毅然と質問できるのではないでしょうか。

　無難な聞き方として「席次表にお父様のお名前がありませんが、ご病気か何かで亡くなられたのですか」と、いうのもいいでしょう。そうすれば「えー、何年前に病気で…」とか「いや、離婚していまして…」とか「いやあ、ちょっと…」といった、何らかの反応をしてくれるものです。

聴き方のポイント

　「話し上手は聴き上手」という言葉があります。

　「聞く」ではなく「聴く」です。

　聴くの「聴」という字の右側のいわゆる旁には十と四と心という字があります。この意味合いとして「十四の心（肯定的な気持ち）をもって耳で聴く」とも「十の目（視点）をもって耳で聴く」とも言われています。

　いずれにしても、相手の言葉だけでなく、その真意までも察するということです。

　しかしながら、私は「察する」ことも危険であると思っています。なぜならば、察する時には自分自身の固定観念や先入観というフィルターを通しているからです。

　ですから、善意から察したことであっても、それが正しいとは限らないのです。

正しく察するためには、相手のしぐさや声、言葉などを手がかりにして心理状態などを見抜くという手法も有効でしょう。

　いくつか紹介します。

・ポケットに手を入れて話す

　　自分を隠そうとしている状態。

　　余裕がなくなり、緊張を隠そうというのが分かる。

・腕組みして話す

　　自分を守ろうとする状態。この手の人は会話中、攻撃を仕掛けて来ないので安心だが、自慢話が多いので聞く方は疲れる。

・人の目を見ないで話す

　　攻撃されるのが恐い状態。確信のないことを、見てきたかのように作って話している。

・よく唇を舐めながら話す

　　嘘を言っている状態。精神的に後ろめたい状況で、焦りもあり実際に唇が乾き、この状態になる。

・声のトーンが急に上がる

　　何かしら緊張状態の時で、人前での緊張の他、隠しごとがあり精神的不安定な時や嘘を言っている状態。電話で初めての相手と話す時などにも、よくある。

・話す時、表情がオーバー

　　不安で警戒心が強い場面に多い。顔の表情を変えることで本心を隠す行動に出ている。明るく振る舞っている人でも、このパターンはありえる。作り笑いがいい例。

・オーバーリアクション

　　相手の視界の範囲で、手や物を動かす動作はしゃべりだけで

はなく、「私は、ここです！」とアピールしたい人。

・髪に触る

　不安を感じた時、髪を触ることで自分を安心させている。子供が頭を撫でられ褒められるというのを一人で完結している状態。

・鼻の下を触る

　漫画でも子供が「へへ！」と、得意げに鼻の下を触るシーンがある。照れ隠しの状態。

・耳を触る

　柔らかい部分を触ろうとするのは、不安を抱いた時、それを払拭し、安心を得たい時。マザコン性もしくはファザコン性がある。

・まばたきが多い

　脳内神経の活動とまばたき回数には、関係があると言われている。緊張が高まるとドーパミンの分泌が増えることで、まばたきは増える。

・あごをさわる

　ナルシストのポーズ。幼児性がある。自意識過剰なタイプに多い。

・「～っていうか」

　自分を認めてほしいという表れ。この言葉は否定の流れから始まる言葉であり、「っていうか、○○です」。自己主張論法ではある。

・「つまり！　要するに！」

　上から目線を思わせることもあり、連発されると聞いている

側は抵抗を感じる。自分のことを理解してほしいというアピールが強くある。人を自分の方に向かせたい。そして実は寂しがり屋。

・「みたいな、なるほど、なにげに、全然」
　楽天的な性格。性格は明るさを秘め、受け流し、その場その場をやり過ごそうとしている。

・「なんか、ふつう、って感じ、ある意味、かも」
　話している内容に不安を感じているからこそ、言い切る言い方をしない。人付き合いを円滑にしたいと思っているため、おだやかに進めたいタイプ。

新郎新婦へのアドバイス

笑顔の練習の勧め

　司会打ち合わせの最後に、新郎新婦へ宿題を出しましょう。「笑顔の練習」です。

　カメラを向けられたら、どんな笑顔で応えればいいのか、顔の右左どちらから撮ってもらいたいかなど、当日まで鏡を見ながら練習してもらうわけです。

　お金がかからない準備ですし、楽しい時間になりそうです。

サンプル文面の提供

　誓いの言葉やウェルカムスピーチ、謝辞などのサンプル文面を、ぜひ提示してあげましょう。

　新郎新婦の興味と不安として、「他の新郎新婦さんはどんな文面

を読んでいるのだろう？」というのがあるようです。「一般的な文面はこんな感じですよ。参考になさってみてください」と、お渡しできれば、きっと喜んでくださいます。

＊ブライダルMCアライアンス（BMCA）のホームページから、サンプル文面のダウンロードができます。ぜひ、ご活用ください。（http://bmca.jp）

手作りのペーパーアイテム

　最近は、ペーパーアイテムを手作りする新郎新婦が増えています。その理由として、パソコンで手軽に作れるようになったことや、ブライダル用の専用用紙が商品化されて、ネットでも購入できるようになったことなどが挙げられます。

　ペーパーアイテムというと

　・招待状

　・席次表

　・席札

　・メニュー

　・プロフィールパンフレット

などがあります。

　この中でどれを手作りするのかを、新郎新婦に聞いてみましょう。

　手作りするアイテムが多いほど、他のことに関しても手作りを苦にしない可能性が高いようです。そんなお二人には、他の手作りアイデアの提案をしてあげれば喜ばれるでしょう。

列席者が喜ぶ演出を提案

　最近は演出の種類も多く、新郎新婦としては悩みどころです。

　「この演出、楽しいですよ！」ではなく、「この演出は、列席した皆様が喜びますよ！」「皆様にとって、こんなにいいことがありますよ！」というフレーズに、新郎新婦は弱いものです。

　列席者が喜んでくれるならと真剣に検討する指針となるでしょう。

お見送り

　打ち合わせ後お客様をお見送りする場合、基本は玄関口までお見送りし、「では私はこちらで失礼いたします」と、深々と礼をします。

　この「玄関」は、場に応じて変わってきます。予約サロンからお見送りする場合は、サロンの入り口が玄関です。フロアで想定すると、フロアのエレベータホールが玄関となります。

　玄関でお迎えして、玄関でお見送りする、そして相手が見えなくなるまでお見送りする、というのが基本です。

司会者のチェンジ

　新郎新婦と司会の打ち合わせをした後、新郎新婦から「司会者を変更してほしい」という残念なクレームが起こることがあります。

　何が原因なのか新郎新婦に聞いてみると

・司会者のプロフィール写真と実物が違った

・想像していたイメージと違った

・上から目線だったのでいやだった

・馴れ馴れしい

・品がない

など、理由は様々です。

　写真と実物が違うのは仕方ありません。司会者のプロフィール写真は、スタジオでプロのカメラマンが撮った中で一番よく撮れている写真ですから、実物と同じとはなかなかいかないものです。

　しかしながらチェンジになる本当の理由は、他にきちんとあります。それは「打ち合わせに失敗した」からです。

　このチェンジになる司会者に共通していることは

・第一印象のアピールができていない（事務的である）

・打ち合わせ時の表情が暗い

・安心できる司会者であることをアピール出来ていない

・司会者のペースで話している

これら各々の点数を掛け算することで、総合点数が計算できます。

　トータル点数は掛け算で集計します。ですから１つでも０点となれば、結果は０点です。

　新郎新婦からすれば、その司会者でいやいや我慢するか、チェンジしてもらうか、どちらかしかありません。

　当たり前のことですが、司会者は披露宴だけが仕事ではありません。打ち合わせも完璧にできてこそ、新郎新婦は当日をワクワクしながら迎えることができるのです。

　司会者プロフィールの写真と本人が違っていても、全く問題はありません。新郎新婦からすれば「写真と違うけど、この司会者さん絶対にいいよ！」となれば、いいだけなのです。

第3章　当　日

いよいよ結婚式当日です。

ブライダル司会者の出番は、人前式の司式者を務めるのであれば挙式から、そうでなければ披露宴からとなります。

プロとしてこれまで培ってきた技量を、発揮できる場です。

また、「相手はどうしてもらうと嬉しいのか」を考えながら進行することで、ホスピタリティ溢れる時間にもなるでしょう。

司会者の会場入りは、挙式の開式もしくは披露宴の開宴の1時間前であることがほとんどです。素晴らしい結婚式にするためには、万全の体制を整えるための綿密な確認作業が外せないからです。

プロの司会者としての取り組み

ポリシー、ポイントなど解説します。

基礎練習は、し過ぎるということはない

最初にお伝えしたいのは、「基礎練習は、し過ぎるということはない」ということです。

私がプロの司会者を目指した修行中の頃、私の師匠からレッスンの冒頭に必ず50音の発声練習（あ・え・い・う・え・お・あ・お・・・）をさせられました。やがてデビュー後も、勉強会の度に50音をさせられるのです。

私は内心「50音は新人の勉強であって、もういい加減勘弁してほしい」と思いながら、50音を繰り返したものです。

何年か経ってのこと、政治家が多数出席する結婚披露宴がありま

第3章 ● 当 日

した。列席者よりもスタッフが緊張し始め、それが私にも感染？したのだと思います。声が思うように出ないという変な状況に陥りました。深呼吸したり、体を動かしてみたりしても、落ち着きません。

しかしそんな時、私は50音の発声練習を思い出しました。「そうだ、50音の発声練習と同じで、１音１音確実に発音すればいいだけの話だ」

その後、変な緊張は見事に吹き飛びました。基礎練習を誰にも負けないほど行ったという自信も助けになったかもしれません。

発声練習に限らず、言葉遣いについても基本をしっかりマスターし、応用していきましょう。

緊張しないためには

この職業がサービス業である限り、決してこちらからお客様を選ぶことはできません。ですから前述したような政治家が多数出席した披露宴であったり、お医者さんのご両家の披露宴であったり、そしてちょっとイカツイ人々の集まりであったりと、私は実に様々な経験をしてきました。

相手がどんなお客様であろうと自分の普通の姿で臨めばいいのですが、いつもと違う緊張感で、平静が保てない時もあるでしょう。

緊張してしまうと、度忘れしたり固まったりしてしまいがちです。

日々原稿を充実させる、発声をきちんと行う、場面・場面で語るべき内容を押さえるなど、プロとしての研鑽の積み重ねこそが自分を助けてくれるのです。

何かを行う場合、失敗を恐れることで不安がよぎります。

その不安が恐怖に変わった時、「頭の中が真っ白になってしまった」状態になるのです。

ブライダル司会者にとっての緊張は、新郎新婦や列席者、スタッフまでが司会者に期待をしている状況で「それに応えられなかったらどうしよう！」という不安を、恐怖に感じた瞬間にやって来ます。

また、司会者はマイクを手にすると「自分の名誉欲・自尊心」が働きます。原因となる名誉欲を捨てれば緊張を回避できるかもしれませんが、当然ながら力の抜けた司会進行となってしまうでしょう。

名誉欲を捨てるということは、向上心を捨ててしまうことにも繋がります。なかなか難しい問題です。

では、緊張しないコツとはなんでしょうか。

新郎新婦、そして新人司会者にもアドバイスしていることですが、その一つは「列席者の視線を受け流すこと」です。近くに座っている列席者の視線を意識せず、遠くの壁を見ながら話すのですが、これが想像以上に効果があるのです。

本来は、会場全体を見ながら進行するのが、プロの司会者のあるべき姿でしょう。トークの練習を重ねていけば、徐々に自信がついて、必ずその境地に辿り着けます。

ちなみに私は、ここ5年程でやっと緊張しなくなりました（なかなか信じてもらえないのですが…）。

会場の空気

披露宴では会場の空気を読んで、アナウンスを変えることは珍しくありません。ですから、下手に原稿を用意しないことです。

第3章 ● 当 日

　原稿があるとそのまま読んでしまい、原稿から離れた内容に触れなくなる傾向になるからです。状況は常に変化します。状況に合わせたトークをするために原稿は邪魔になるのです。

キーの高さよりスピード

　大切なのは、キーの高い低いよりも、話すスピードです。しかし速ければいい、遅ければいいではありません。

　場面場面によって、話すスピードを変えることも必要です。列席者としてもノリノリな場面、じっくり向き合いたい場面があるからです。

マイクコントロール

　マイクの使い方を、熟知しておく必要があります。

　ビデオカメラのマイクでも同じですが、マイクの一番頭の網目部分の集音部には指向性があり、向き次第で音の拾い方が違います。

　マイクをしっかりと自分の口の方向に向けていれば、弱い声でもしっかり声を拾ってくれます。

　マイクの網目部分と自分の口の距離で、音質を調整することもできます。口をマイクに近づけて話すと低音、離して話すと高音を拾ってくれるからです。実験して、自分にはどの距離でどの向きがいいのか見つけてみてください。

相手に応じての適切な言葉選び

　類似語がいくつかあった場合は、その中から適切な言葉を見つけましょう。

49

例えば、女性を飾る言葉として

・美しい女性

・きれいな女性

・素敵な女性

どれもあまり変わらない意味に聞こえますが、「女性」を別の言葉に置き換えてみましょう。

例えば、「椅子」に置き換えてみると

・美しい椅子：芸術的で美的に優れる

・きれいな椅子：清潔感があり、美的にも優れる

・素敵な椅子：洗練され、機能的にも優れている

この簡単な置き換え比較で、適切なものが見つかります。

場に応じての適切な言葉選び

その時々の判断と柔軟な発想が、求められます。

例えば、新婦の祖父が余興をする場合の紹介として

①　新婦の祖父でいらっしゃいます渋谷光夫様

②　新婦のおじい様の渋谷光夫様

③　新婦のおじいちゃんの渋谷光夫さん

実は、どれも正解です。その場を見て使い分けるのです。

この祖父が議員なら当然①ですが、余興がどじょうすくいなら③の方が雰囲気に合っています。

それを例えば、「先輩司会者が "祖父の…" って紹介していたから、祖父って言うんだな」と考えてしまうのは、融通が利かない司会者でしかありません。

スタッフ

　結婚式当日は、多くのスタッフによって運営されています。

　大切なことは、各スタッフの仕事を理解することです。理解することで、それは自分にはできないということが分かります。各スタッフはその道のプロですので、その分野については信頼して託すわけです。

　自分の得意分野は完璧に、そしてそれ以外のスタッフはそれをサポートする側に立つのです。この連携でチーム力が高まります。

　大切な人生の通過儀礼に共に携わってくれる仲間たちを、敬意を込めて紹介します。

ウェディングプランナー／ブライダルコーディネーター

　ブライダルに特化し、新郎新婦の総合窓口となる担当者です。

　新規担当スタッフは、結婚式を希望する新郎新婦に対して自社のサービスをアピールし、結婚式を受注します。

　成約後は、打ち合わせ担当スタッフが当日まで新郎新婦と一緒になって結婚式を創り上げ、当日は新郎新婦とサービススタッフや司会者を一つにまとめあげてくれる存在です。

　大切なことは、お互いが信頼できる関係になるようにコミュニケーションを取ることです。相手が困っている時に助けてあげることも重要です。人間はお互いが助け合いです。助ければいつかは自分も助けられるのです。

キャプテン

　結婚式当日、挙式から披露宴のお開きまで、司令塔として采配を
ふるってくれる責任者で、経験豊富なサービススタッフから選ばれ
ます。

　人数、ＶＩＰや配慮の必要なお客様の有無と必要な対応、提供す
る料理と飲み物など宴会のすべてを把握し、披露宴前にはスタッフ
ミーティングを行い、スタッフに的確な指示をします。

　披露宴では、新郎新婦が移動するたびに誘導し、加えてすべての
列席者がきちんとサービスを受けられているか、何かお困りのこと
はないかなど、常に気を配ります。

　そして、スケジュール通りに進行されているかも常にチェックし、
予想外のハプニングや進行の遅れがあった場合は、料理の進み具合、
引き出物の配布具合、隣の宴会場の進行との兼ね合いなどで、披露
宴の時間調整を判断します。

　それをサポートするのが司会者です。キャプテンのプランニング
に合わせ、最前線で司会者がそれを進行するのです。

　キャプテンと目さえ合えば、相手の言いたいことは大体分かるも
のです。そのサインを見逃さないように、心がけましょう。

アシスタントキャプテン

　キャプテンを補佐し、スピーチする列席者や親御様の誘導、司会
者の進行を実質的にお手伝いしてくれます。

　外から持ち込まれる、いわゆる持込品にも対応します。ウェルカ
ムボードや花嫁のブーケ、子供たちへのプレゼント、親御様への記

念品、余興の小道具などです。それらが当日きちんと届いているか、どこに保管しておくかなども確認します。

　また、ご両家から依頼された受付係に受付の手順を説明したり、受付で預かったご祝儀を親御様などに保管していただくお手伝いもします。

サービススタッフ／サービスクリエーター

　サービススタッフ（サービスクリエーター）は、披露宴をクリエイトするために、列席者を対象に、お迎え、ご案内、クローク、料理を運ぶ、飲み物を提供する、といったサービスを担当します。

　列席者に「いい披露宴だった」という印象を残すためにも、彼らの働きは重要です。サービスが全体にいきわたるよう、効率よく配置され、黒子として手際よく動きます。

　また、要望には的確に応える、笑顔を絶やさないなど、プロとしてのホスピタリティも備えています。

介添え／アテンダー

　花嫁衣裳は、普段の洋服とは比べものにならない程のボリュームと重さがあり、身動き一つにも負担があります。

　介添えは、お仕度からお開きまでいつも花嫁のそばにいて、誘導や立ち居振る舞い（立つ・座る・歩くなど）の補佐をします。

　花嫁がトラブルに見舞われた時にも強い味方です。トイレが近くなったり、体調が不調になったりした時にも、スムーズに対処します。また、感動や緊張で感情的になった時には、お母様やご親族の代わりに、花嫁に寄り添います。

カメラマン

　結婚式の一日の流れに沿って、お仕度から披露宴のお開きまでのドキュメントを撮影し、一つの「物語」として記録してくれます。

　そして新郎新婦や列席者の臨場感溢れるシーンを、祝福に包まれた「アルバム」にして後世まで残してくれます。

　最近は、デジタル写真を二次加工することにより、撮った写真をより美しくする技術も向上しています。

ビデオカメラマン

　大半の新郎新婦は写真のカメラマンは依頼しますが、加えてビデオまで注文するか否かは悩みどころのようです。

　しかしながら、大切な人の肉声を残すことは、結婚後時間が経てば経つ程貴重なことだと気づくものです。

　写真が思い出の一瞬を切り取る物であれば、ビデオは思い出をそのまま残せる物です。

　ところで、司会を勉強中の新人を披露宴見学に連れて行くことがあるのですが、何度注意を促しても写真やビデオに写り込んでしまいます。私たちは写る必要もありませんし、それ以上に写ることを避けなければなりません。充分に注意したいものです。

　以前、ある披露宴で撮影されたビデオに司会者があくびしているのが写り込み、クレームになった話を聞いたことがあります。最悪のパターンですね。

音響・照明・映像オペレーター

　音響や照明の操作を担当し、司会者とタイミングを合わせて、披露宴のあらゆるシーンを効果的に演出します。

　最近はオープニングムービーなど映像による演出が多く、DVDの映像や音声の管理も重要な役割となっています。

　彼らとの連携をスムーズにするためには、司会者は感動的なトークをするというよりも「チームワーク」で臨むべきでしょう。

　司会者のトークを合図に、音響スタッフは音楽を流し、照明スタッフはスポットライトを当てます。

　であるならば、司会者は、合図になるようにトークする気配りが必要です。

　例えば、音響席から司会席が見えない、という場合などは、
「ウェディングケーキご入刀！」
「ご入刀です！」
「ご入刀です、どうぞ！」

　自分が音響・照明係であれば、どのフレーズがありがたいでしょうか。

　そんなことを考えながらトークしましょう。

人前結婚式

　ここ20年くらいで人気が高まってきた形式です。宗教やしきたりにとらわれることのない自由な形式です。司会者が式の進行を任される機会が多くあります。

　人前結婚式は新郎新婦がお互いに結婚を誓い、それを列席者に立ち会ってもらうという、実に現実的な結婚式です。

　「人前式」の読み方は「じんぜんしき」です。

　神前式（しんぜんしき）と聞き間違えないようにと、結婚式場側から「只今より、人前式（ひとまえしき）を執り行います」と発するよう指示されている場合があると聞いたことがあります。

　神前式は「しんぜんしき」であって、決して「かみまえしき」とは言いません。司会者が列席者を前にマイクを通して「ひとまえしき」というのは、業界用語での進行でありふさわしくありません。

　そして、挙式開始口上では「只今より、結婚式を執り行います」であって「人前」も言う必要はないのです。

　教会式を司る聖職者、神前式を司る斎主は、共通して「只今より、結婚式を執り行います」と言います。

　結婚式が何形式なのかよりも、結婚式を執り行うこと自体が重要なのです。

　人前結婚式は基本的にプランニングが自由ですが、次の４つが柱となります。

・誓いの言葉

・指輪の交換

・結婚証明書への署名

・結婚宣言

　人前結婚式には、大きく分けて２つの形式があります。

　別室人前式と、宴中（宴内）人前式です。

　前者は、神前挙式やキリスト教挙式と同じように、挙式場所を設けてそこで式を執り行い、その後、披露宴会場に移動します。室内で行う場合もありますが、ガーデンやお気に入りの場所、思い出の場所など屋外で行うことも珍しくありません。

　後者は、披露宴会場にて、進行の一部として開宴冒頭に行う形式です。移動や時間、予算が削減できるというメリットもあります。

　新郎新婦が入場し、メインテーブル席で司会者の進行にて執り行われます。結婚宣言の後は、「以上、ここまでを結婚式といたします。続きまして、ここからは結婚披露式となります」と、進行します。

　同じ会場ですべてを行いますので、結婚式、披露式、披露宴と３つの段階に分けて、メリハリをつけながら進行することを心がけましょう。

　大切なポイントがあります。人前式は「披露宴」の司会ではなく「儀式」の進行役であるという明確な認識を持つことです。

　余計なことは言わなくていいですし、もちろん笑いは禁物です。

　斎主（神前式）も神父（カトリック教会式）も牧師（プロテスタント教会式）も、式を淡々と進めます。それは儀式だからです。

披露宴（開宴前）

席次表

　主賓、乾杯発声者、スピーチや余興をする人など登場人物をすべてチェックして、席次表に印をつけておきましょう。出番のタイミングで席にいるかどうかを把握できれば、対応に慌てずにすみます。

　名前の読み方は様々です。時には、振り仮名がないと読めない漢字も出てきます。

　また、席次表と自分の進行表で名前や肩書きが違っている場合もあります。

　時間があれば宴前に、なければ宴中で、新郎新婦か親御様に確認しましょう。

席札のチェック

　席次表でスピーチする列席者のチェックをする際に、列席者テーブルの席札の名前の字もチェックしておきましょう。

　もしも間違いがあれば、キャプテンへ報告してください。間に合えば開演前に作り直しができます。

　会場のために何かしら一つでもお役に立てれば、いつかは自分も助けてもらえるでしょう。

第3章 ● 当 日

祝電

　祝電は発信者に金銭の負担が生じます。意外に高価です。受け取った側には、「わざわざ送ってくださった」という感謝の気持ちが生まれます。

　EメールやSNSが主流なこの世の中でも、祝電を送り合う日本文化は、これからもなくならないでしょう。

祝電を読み上げる順番

　祝電には読み上げる順番（作法）があります。しかしながら昨今では、プランナーやサービススタッフから新郎新婦に祝電が渡り、読む順番を新郎新婦が決めることが多くなりました。

　新郎新婦が決めたのであれば、どんな順番であれ司会者はそれに従うしかありません。なぜなら結婚式場側が新郎新婦に、読む順番を約束してしまっているからです。

　「祝電は新郎新婦の順番指定です」と司会者に渡されると、私はいつも読む時にハラハラしてしまいます。一般常識の範囲から逸脱している場合が、見受けられるからです。

　指定された順番がどう考えてもおかしいという場合、私はその祝電を親御様に見せて、了承をいただいてから読み上げるようにしています。実際に、お父様から「これでは失礼なので順番を入れ替えてください」と、ご指摘をいただく場合もあります。読む順番決めを新郎新婦に一任してしまうのは、少し乱暴な気がします。

　祝電を読む正しい順番についてお話しましょう。それ程難しくありません。

59

祝電の差出人が、全員来館したと想定しましょう。その差出人が出席した場合、席次表上どの席に座ってもらうかを考えます。

　後は上座から読んでいけばいいのです。

キラキラネーム

　元々、電報文面はカタカナでした。昭和63年にひらがな電報サービスが始まり、平成6年にやっと現在の漢字かな混り文になりました。そして昨今では、いわゆるキラキラネームと呼ばれる日本語の常識では読み当てることができない名前など、司会者泣かせの電報もあります。

　読み方を司会者が独自に判断することだけは、避けなければなりません。その箇所に付箋を貼っておいて、新郎新婦や親御様、会社関連なら上司のいるテーブルに足を運び、確認することが必要になります。

　キラキラネーム対策として、私は何度か大手電話会社へ電報文面にルビ（ふりがな）が振れるよう、改善をお願いしたことがあります。しかしその企業からは「システムが対応していませんので、できません」の一点張りで、検討しますという回答すらいただけませんでした。時代、状況に応じて柔軟に改革が必要ですし、もっとユーザー目線になってほしいものです。

　最近は、他にもメッセージサービスを提供する会社も増えてきました。

　司会者の実情を話し、相談している次第です。

祝電紹介の仕方

　祝電の紹介方法ですが、「本日はたくさんの方々にお越しいただいておりますが、この会場以外からもたくさんお祝いの電報を頂戴しております。その一部ではありますが、ご紹介いたします。お耳だけ拝借しますので、よろしくお願いいたします」と、アナウンスした後に、①文面　②差出人と続けます。

　文面を読む前に、「新郎側にいただきました」とか「新婦令子さん宛にいただきました」などと言う必要はありません。

　目安として20通以内ならすべて文面まで紹介し、それ以上の場合はお名前だけでもすべて紹介するのが礼儀です。

　乾杯後、中座中、余興後などに分けてもいいでしょう。

　花束贈呈との間繋ぎで読むこともできますが、ここはプロの司会者として自分の言葉で花束贈呈の雰囲気に持っていきたいものです。

祝電の割愛

　祝電の数が多い場合、割愛することもあります。

　どうしても割愛しなければならない時でも、いとこや親戚関係からの祝電は披露した方がいいでしょう。

　例えば、いとこからの祝電が読まれなかったら、出席しているその親であるおじ様やおば様が、がっかりされると思いませんか。

　一方、お葬式の弔電については、割愛は本来許されません。結婚式であれば、割愛した祝電は新郎新婦が後日新居でゆっくり読むことができます。しかしながらお葬式の場合は、その場で故人に読み聞かせなければ「後日またね…」というわけにはいかないからです。

開宴

迎賓

　新郎新婦と親御様が披露宴会場の入り口（外側）にて、列席者の皆様を立礼にてお迎えします。最近では、この迎賓をせず、列席者を宴会場に先に入場させ、お席（宴卓）にてウェルカムドリンクを楽しんでいただくパターンも、増えてきました。

　迎賓を行う場合は、会場入り口に、新郎新婦、両家親御様が並んでお迎えします。

　①キャプテンがご両家に対し一礼し、「これより渋谷家、神田家ご両家様、結婚披露式、ならびにご披露宴を開宴いたします。ご列席の皆様お見えになりますので、ご一礼の上、お迎えくださいませ」。

　②キャプテンからホワイエの列席者に対し、声を張り上げて、「長らくお待たせいたしました。渋谷家、神田家ご両家様結婚ご披露宴のご案内をさせていただきます。どうぞお進みくださいませ」。

　③主賓が最初に会場に入ってくる場合が、ほとんどです。

　司会者は先ず主賓の席まで足を運び、「目黒様、わたくし、司会者でございます。後ほど、主賓としてのご挨拶をお願いいたします。肩書きとお名前の確認をさせてください」と進行表を提示し、確認します。この場面では、主賓2名と乾杯の方の確認のみでいいでしょう。その後は、司会台で待機します。

司会者の自己紹介

　司会者はあくまで進行役であり、出演者ではありません。黒子に徹すると考えれば自己紹介の仕方は自ずと理解できることでしょう。

　列席者からの最初の拍手は、新郎新婦に向けたものであってほしいものです。そうであるならば、司会者の自己紹介は新郎新婦が入場する前に、さらっと形式的にしてしまう方が美しいのです。

　「本日は皆様お忙しい中お越しいただきまして、ありがとうございます。新郎新婦ですが、ただいま入場のためのお仕度中です。どうぞ皆様、ご歓談いただきながらお待ちください。申し遅れましたが私、本日ご縁がございまして司会進行をさせていただきます秋葉原剛と申します。お開きまでご案内を差し上げて参りますので、よろしくお願いいたします。それでは新郎新婦ご入場まで、ごゆっくりご歓談ください」

　「よろしくお願いいたします」と「それではごゆっくりご歓談ください」の間をあけると拍手が沸いてしまいますので、間をあけずに言うように心がけます。

　そしてお開き時、新郎新婦退場後に改めて名前を発する必要もないでしょう。

　ちなみに私は新郎新婦入場前の場面で、「わたくしは司会者です。どうぞよろしくお願いいたします」と、名前は発することなく進めています。

　友人司会者であれば、新郎新婦の入場や、開式や開宴の後に自己紹介をして拍手をいただいてもいいと思います。しかしながら、プロの司会者であるならば出過ぎないようにするべきだと思います。

新郎新婦入場

　キャプテンが会場内に入ってきて、司会者に準備完了の合図を送ります。

　周りを見渡し、始められる雰囲気を感じ取り、入場を告げます。

　「皆様お待たせいたしました。これより、幸せな笑顔で新郎新婦が入場いたします。盛大な拍手でお迎えください」

　その後、声を張り上げて「新郎新婦の入場です！」。

　司会者も率先して拍手します。

　タイミングとしては、入場口に新郎が踏み出したあたりです。

　主役の登場と同時に拍手と考えればいいのです。

　メインテーブル席に到着すると、新郎新婦は一礼をします。このタイミングで、「盛大な拍手でお祝いください」と盛り上げましょう。

開宴の辞

　新郎新婦が着席したら、「大きな拍手をありがとうございました。お二人がお揃いになりました、これより渋谷和彦さんと、神田令子さんの結婚披露宴（ウェディングパーティ）を開宴いたします」と、開宴を宣言します。

　厳粛な流れであれば、「お二人がお揃いになりましたところで、これより渋谷家、神田家御両家の結婚披露式並びに御披露宴を開式開宴いたします」と、宣言してもいいでしょう。

新郎のウェルカムスピーチ

　媒酌人のいる披露宴が当たり前だった時代は、媒酌人が主催者側の一人として挨拶をしたものでした。話す内容は、挙式の報告、披露宴の主旨説明、新郎新婦の紹介（披露）などです。

　媒酌人がいない昨今の披露宴では、新郎が主催者としての挨拶をするのは自然な流れです。司会者のトークとしては、「新郎新婦は、本日お越しいただきました列席者の皆様へ感謝の気持ちでいっぱいです。そんな感謝の気持ちを込めまして、新郎和彦さんからウェルカムスピーチをいただきましょう」。

新郎新婦プロフィール紹介

　プロフィール紹介の形式は、大きく分けて３パターンあります。

①新郎新婦本人がお互いを紹介し合う

②親御様、親戚、友人などの第三者が二人を紹介する

③司会者が原稿を読み上げる

　司会者の文面の内容としては、挙式の報告、新郎新婦の紹介、簡単ななれそめとなるでしょう。

媒酌人がいる場合

　司会者がご媒酌人を紹介し、媒酌人より①挙式の報告、②新郎新婦の紹介、③人生の先輩としてのアドバイスなどをいただきます。

　媒酌人の紹介は「本日、ご媒酌の労をお執りくださいましたのは、新郎のご勤務先でございます、有楽町商事株式会社専務取締役

でいらっしゃいます高輪努様、令夫人加奈子様でございます。それでは高輪様ご夫妻より挙式のご報告と新郎新婦のご紹介をいただきます」と、なります。媒妁人夫妻の正式な紹介方法は、「高輪努様、令夫人加奈子様」です。一般的にしゃべるのはご主人ですが、中にはご主人が新郎を、奥様が新婦を紹介する場合もあるからです。

　媒妁人のスピーチの持ち時間は7～8分と考えましょう。
　「何分ぐらい話さなければいけないのですか？」と、媒妁人または新郎新婦から質問を受けた場合には「5分程度を目安にお願いします」と、答えましょう。そうすれば、大体7～8分で収まるものです。

主賓の挨拶

　新郎側・新婦側からそれぞれ主賓がスピーチします。通常、新郎側1名、新婦側1名ですが、ここはバランスが大切です。新郎側が会社の部長、一方、新婦はお勤めしていないため職場の上司がいなくて、幼なじみ（友人）に頼みたいというのでは、バランスが良くありません。この場合は、主賓は新郎側の1名だけで充分です。
　主賓が新郎側1名、新婦側1名、合計2名の普通のパターンの場合は、「それではここでご来賓の皆様方の中より、新郎側、新婦側各々を代表していただき、主賓といたしましてご挨拶をいただきます」と、アナウンスします。
　主賓の「主」は充分敬意を払った言葉であるため「ご主賓」とはならずに「主賓」です。

「代表」は1名の場合に使う言葉ですので、「代表して2名にお願いします」という表現は日本語として間違いです。「新郎側、新婦側各々を代表して」とすれば、正しい日本語となります。

主賓挨拶のシーンで、3名とか4名にお願いしたいと希望してくる場合もあります。例えば、新郎父のお世話になっている議員が複数いて、どなたにもお願いしなければならないようなケースです。

「主賓」とは主なる賓客ですから、本来は新郎側を代表して1名、新婦側を代表して1名です。主賓挨拶で合計3名では、主賓と呼ぶのはふさわしくありません。

よって、3名以上の場合の紹介は「それではここでご来賓の皆様方の中より3名の方にお祝いのお言葉を…」と、アナウンスします。

ポイントは「3名」と人数を言うことです。

お食事の前に長時間話を聞かされるのは、列席者にとっては実に苦痛なものです。最初から3名と分かっていれば、1人終わって、また1人、またまた終わって最後の1人だと、先に認識できます。

ところが、2名が終わってから「もうおひと方お話いただきます」などとやってしまうと、列席者からはため息が出てしまうでしょう。

恩師という言葉の便利な使い方

恩師とは、教えを受けお世話になった先生のことを指します。

ただ、職場でいろいろとご指導いただいた方も恩師として紹介することもあります。

「中学時代の恩師でございます、豊島区立目白中学校在学時、担任の先生としてご指導いただきました田町信二先生です」。

「中学時代の担任で、現在は豊島区立目黒中学校の校長として活

躍されております田町信二先生にお願いいたします」

　両方をミックスして、「目白中学校でご指導いただき、現在は目黒中学校で校長として活躍なさっております…」が、最も丁寧な紹介です。

「先生」の使い方

　一般に先生というと、学校の先生やお医者さんなどを指します。しかし業界によっては、慣習として使っていることもあります。

　議員、弁護士などがその例で、お互いを先生・先生と呼び合っています。

　宴の中で敬称として「先生」が許されるのは、新郎新婦が「学校でご指導いただいた恩師」や「お世話になった医師」ぐらいです。よって、新郎新婦が教員の場合、職場（学校）の上司を紹介する時にも「先生」は付けません。

　同様に、議員であろうと弁護士であろうと、○○様となります。

代議士の紹介の仕方

　議員にも、衆議院議員、参議院議員、市区町村、都道府県議会の議員があります。衆議院議員のみ代議士という肩書きが加わります。

　「衆議院議員、代議士の田端一郎様にお願いいたします」

　「衆議院議員、田端一郎代議士にお願いいたします」

　このように紹介すると、本人は喜んで「代議士の田端でございます」とか、「今でこそ、私も代議士ですが…」などと、スピーチが始まるのです。

ウェディングケーキ入刀

　山場のシーンですから、もちろん盛り上げが必要です。

　ケーキには大きく分けて２つの種類があり、デザートの時に列席者に振る舞う「生ケーキ」と、食べられませんが見栄えのする「イミテーションのケーキ」です。

　ここでのポイントは新郎新婦には適度に緊張してもらうことと、そして列席者にたくさん写真を撮っていただくことです。

　「正面向かいまして左手にございます、大きなウェディングケーキをご覧ください。新郎新婦が今まで何度となく心に描いてきました、ウェディングケーキの入刀シーンです」と、進行します。

　そして、キャプテンは「ウェディングケーキ」という言葉のタイミングで、新郎新婦を立たせ、ケーキの前まで誘導を始めます。

　入刀のスタンバイが出来たところで、キャプテンから司会者に目で合図があります。また、ナイフに掛けたナプキンに添えているキャプテンの手が「ピタッ」と止まるのも、合図です。

　キャプテンによって入刀のタイミングが異なる場合があります。キャプテンと、どのタイミングで「ケーキ入刀」と言えば良いかを確認しておきましょう。

　入刀後は、新郎新婦にはカメラに向けての笑顔をお願いします。写真を撮る人にも、たくさん撮ってもらうよう促します。

　新郎新婦の近くで撮影する場合は、「新郎新婦へ手を振るなどし

て、自分の方を向いてもらいましょう。素敵な笑顔をカメラにお収めください」と、アナウンスします。

そして、撮影したことで満足して終わらないように「お写真は、ぜひ新郎新婦へ送って差し上げてください」と、言い添えます。

ケーキ入刀と同時に、乾杯酒の栓が抜かれ、写真撮影の間にサービススタッフより列席者のグラスに乾杯酒が注がれます。キャプテンは、写真撮影の様子を見計らって入刀を終わらせ、ケーキからナイフを抜かせます。

ファーストバイト

今では、9割以上の新郎新婦がファーストバイトを行います。

バイト（bite）は噛むという意味で、ファーストイーティングという表現もあります。

これは入刀したケーキを新郎新婦が一口ずつお互いに贈り、食べさせ合うもので、新郎が先に贈る場合、新婦が先に贈る場合、新郎新婦がお互いに同時に贈る場合と、形式は様々です。

「続きまして、新郎新婦がこのケーキをお互いの口に一口ずつ運ぶ、ファーストバイトをいたします。甘いケーキを先ずは新郎和彦さんから新婦令子さんへ贈っていただきましょう。令子さん、ケーキのどの辺りが食べたいかリクエストしてくださいね」

ポイントは、新郎は新婦のお口の大きさに合わせて、優しくスプーンでケーキをカットし贈ることと、新婦は新郎の口の大きさではなく、自分の愛情の大きさを表現して、大きくスプーンでカットす

ることです。

それを新郎が大口を開けてまじめに食べてしまっては、シーンと
したまま終わってしまいます。ぜひ、新郎にはここでボケてほしい
ところです。

司会者も「大きめのケーキですよ。新郎和彦さん、列席者の皆さ
んは期待していますよ。期待通り、ぜひおもしろく食べてください
ね！」と、トークで盛り上げます。口に運ばずわざと鼻にクリーム
を付けたりと、何が起きても笑顔いっぱいのシーンになるでしょう。

ケーキを食べる号令は、司会者の掛け声となりますが、「せーの！
あーん！」といった合図を耳にすることがあります。

しかし「あーん！」はどうでしょうか。二次会なら分かりますが、
披露宴ではちょっと行き過ぎに思います。

「では、お願いします。どーぞ！」ぐらいが、上品なのではない
でしょうか。

その後、新郎新婦はメインテーブルに戻り、列席者に一礼します。
ここでも、拍手の誘導が必要です。

余談ですが、披露宴司会のハウツー本がいくつも売られています
が、間違いのない司会本の選び方をお教えしましょう。

ケーキ入刀のナレーションのページを開きます。「夫婦初めての
共同作業」というフレーズが書かれていたら、それは年代ものの本
です。即、棚に戻しましょう。

鏡開き

　和にこだわる新郎新婦は、このケーキ入刀の代わりに、鏡開きを行う場合があります。鏡割りという言葉もありますが、結婚式では「割る」という言葉は使わずに「鏡開き」と言います。

　鏡開きの主旨は、樽酒の樽を新郎新婦の新家庭に見立て、二人で木槌を手に、そのお鏡（樽のこと）を開くことです。木槌を持つのは通常、新郎新婦です。しかし、父親の恩人などどうしても宴の中で何かやってもらわなければならないなどの事情で、新郎新婦＋3〜4名で行うこともあります。その場合は人数分の木槌も必要になりますので、事前にプランナーへ相談が必要です。また、木槌にこだわらず野球選手ならバットを使うなど、スタイルは様々です。

　お鏡は、宴前にサービススタッフが樽のふたを一度開けて戻し、鏡開き時は簡単に開けられるように、細工してあります。新郎新婦は、木槌で「コツン！」と軽く叩けば開くわけです。

　開く時の掛け声は、「よいしょ、よいしょ、よいしょー！」「イチ、ニイのよいしょー！」「せーの、よいしょー！」など、様々です。

　宴が始まる前に、キャプテンと開くタイミングや掛け声を打ち合わせておきましょう。

　主賓の挨拶後に、「それではこちらの大きなお鏡にご注目ください。この大きなお鏡を新郎新婦の新家庭に見立て、お二人の力で開いていただく鏡開きをいたします。開くタイミングですが、司会より『よいしょ、よいしょ、よいしょ』と、“よいしょ”を3回申し上げますので、列席の皆様にはご唱和いただき、3回目の“よいし

ょ"で、新郎新婦にお鏡を開いていただこうと思います。カメラをお持ちのお客様はどうぞ前までお進みいただきまして、決定的瞬間をお撮りください」。

キャプテンが新郎新婦を樽まで誘導し、木槌を渡し説明をします。

ケーキ入刀と同じで、キャプテンからの合図を確認し、トークを始めます。

「準備も整いました。新郎新婦にご注目いただきます。皆様"よいしょ"のご唱和をお願いいたします。それでは参りましょう。よいしょ、よいしょ、よいしょー！　おめでとうございます。お二人の幸せいっぱいの新家庭が、今スタートいたしました。行く末永いお幸せをお祈りして、盛大な拍手でお祝いください。ご結婚おめでとうございます」

乾杯用のお酒ですが、新郎新婦と主賓の分は、サービススタッフが樽から枡に取り分けて運んでくれます。他の列席者へは、予め会場の裏で用意しておいた枡酒が配られます。

また、新郎新婦が主賓の分を樽から枡に注ぎ分け、それを配る場合もあります。

その時は「新郎が注ぎます」ではなく、「新郎にもお手伝いをいただきまして、枡酒をお配りいたします」と、アナウンスします。

その後の乾杯はシャンパンの乾杯と同じですが、1か所だけ違ってきます。「グラスをお持ちください」ではなく「お手元に枡酒をご用意ください」となります。

なお、乾杯する枡には新郎新婦の名前が刻印されています。「記念の品」として列席者には持ち帰っていただくよう、アナウンスします。

シャンパンタワーセレモニー

シャンパンタワーとは、シャンパングラスを重ねて塔を作り、上からシャンパン（スパークリングワイン）を注ぐというセレモニーです。シャンパンを注ぐというのは、「幸せが満ち溢れるように」との願いを込めながら「天に感謝する祈り」を意味しています。

本来であれば、その後全員でそのグラスを1つずつ手にし、一緒に乾杯を行います。

進行としては、「高く積み上げられました、シャンパンタワーをご覧ください。お二人でシャンパンタワーに美酒を注ぎ、溢れる幸せをシャンパンタワーセレモニーでご披露いただきましょう。カメラをお持ちの方は改めて前までお集まりください。そして私の合図と一緒に祝福の拍手をお送りください。さあ、準備も整いました。それでは新郎新婦、シャンパンタワーセレモニーです！どうぞ！」と言って、率先して拍手をしましょう。

間の抜けたフレーズになってしまいますが、「ケーキ入刀！」でも「乾杯！」でもありませんので、拍手で誘導するしかありません。

シャンパン

シャンパンは、フランスの北東部のシャンパーニュ地方で作られる発泡性ワインを指し、他の地域で製法されたものはシャンパンの名前を使うことはできません。

過去、ホテル業界では、レストランなどで提供される料理に使われる食材名に偽りがあったと、食品の偽装問題が報道されたことが

あります。それを機に、結婚式業界では、当たり前のように、泡の
ワイン＝シャンパンと言っていたのを改めた経緯があります。

　シャンパンかそうではないかは、ボトルのラベルを見ることで判
断できます。シャンパンの場合は必ず Champagne と記載されてい
ます。

　Champagne 以外はいわゆるスパークリングワインですが、ラベ
ルに書かれている言葉で原産国も分かります。

　英語：Sparkling Wine（スパークリングワイン）
　フランス語：Vin Mousseux（ヴァン ムスー）
　イタリア語：Spmante（スプマンテ）
　スペイン語：Cava（カヴァ）
　ドイツ語：Sekt（ゼクト）

　乾杯酒がスパークリングワインの場合は、「シャンパンで乾杯し
ましょう！」と、間違った案内をしないように気をつけましょう。
　「乾杯酒をお手元にご準備ください。それでは乾杯をいたしまし
ょう」という内容にすれば、問題ないでしょう。

乾杯の発声

　ケーキ入刀後ならシャンパン（スパークリングワイン）で、鏡開きなら枡酒で乾杯します。

　ケーキ入刀の場合は、入刀と同時にサービススタッフがシャンパンの栓を抜き、自分の担当しているテーブルのお客様のグラスに注いでいきます。キャプテンは会場全体が注ぎ終わったことを確認して、司会者へ乾杯準備完了の合図をします。

　司会者は「続きまして、新郎新婦の前途をお祝いいたしまして、乾杯をいたします。乾杯のご発声は、有楽町商事株式会社営業部営業一課長、日暮里 昭様でございます。皆様、どうぞご起立いただきまして、お手元にグラス（枡酒）をご用意ください」と、アナウンスし、発声者に繋ぎます。

　通常、発声者の模範的な挨拶は、「只今ご紹介いただきました日暮里 昭でございます。はなはだ僭越ではございますが、ご指名でございますので乾杯の音頭をとらせていただきます。新郎新婦の前途を祝し、ご両家の益々のご繁栄と、そして本日お集まりの皆様方のご健勝とご多幸を祈念いたしまして乾杯いたします。ご唱和よろしくお願いいたします。乾杯！」。ものの20〜30秒です。

　しかしお祝いを伝えたいという気持ちから、ここで長々と挨拶を始めてしまう発声者もいます。自己紹介から祝辞までの間、列席者は手にグラスを持って、立ち続けなければなりません。グラスはど

んどん傾いていき、こぼしてしまう人まで現れる始末です。

　対策としては、宴前に発声者本人に肩書き確認をする際に、「乾杯の前にスピーチなさいますか？お話いただけるようでしたら、お話が終わりましてから皆様にご起立いただきますね」と、確認します。
　発声者がスピーチをする場合は、キャプテンに事前に連絡の上、発声者の紹介時は「乾杯のご発声は、有楽町商事株式会社営業部営業一課長、日暮里　昭様でございます。日暮里様には始めにスピーチを頂戴し、その後に乾杯といたします。ご列席の皆様は、お座りのままお待ちください」。

　スピーチが終わったら、「それでは乾杯をいたします。皆様ご起立いただきまして、お手元にグラス（枡酒）をご用意ください」。
　そして発声者の「乾杯」の掛け声の後は、同様に司会者も「乾杯」と、復唱します。

　乾杯の掛け声の後に、「司会者は『おめでとうございます』と添えること」と、書いてある司会者の本もありますが、私としてはどうもしっくりきません。
　列席者の「乾杯」の声にかぶせてマイクで「おめでとうございます」をしてしまうと、列席者の声を押しつぶしてしまいます。
　発声者が「乾杯」なら司会者も「乾杯」、発声者が「おめでとうございます」なら司会者も「おめでとうございます」と列席者と一体になって、新郎新婦をお祝いする方が自然でしょう。

会食のスタート

　乾杯は、会食のスタートを意味します。先ずはファーストドリンクとして、サービススタッフより列席者にドリンクがサービスされます。飲み物は、ビール、ワイン、日本酒、焼酎、ウィスキー、ソフトドリンクなど、様々です。

　お色直しがある場合は、会場によっては乾杯後すぐにお色直しの中座があり、その後にファーストドリンクというところもあります。
　会場の都合であったり、主賓のスピーチが長くて遅れが発生していたり、また披露宴後半の余興が盛りだくさんであったりなど、理由は様々です。
　ちなみに、乾杯後すぐにお色直しで中座することを「即退（そくたい）」と呼んでいます。

フリードリンクの案内の仕方

　宴中の飲み物は、フリードリンク（飲み放題）スタイルが大半です。新郎や新婦のお母様から「司会者さん、今日は飲み放題だから、いっぱい飲んでくださいって、マイクで言ってくださいね」と、要望されることがあります。

　両家からすれば、飲み放題だから「列席者にたくさん飲んでほしい」。一方、結婚式場側からすれば「飲み放題ですよ！」は建前で、たくさんは飲んでほしくないというのが本音です。

第3章 ● 当 日

　板挟みになるのは司会者ですが、こんな風にアナウンスしましょう。「この披露宴は、ご両家からのおもてなしで、フリードリンクスタイルです。お好きな物を、どうぞお好きなだけお召し上がりいただき、お楽しみください」

　これなら、どちらにも角は立たないでしょう。

　列席者も様々です。飲まない人もいれば、お酒好きな人や親族などは、お祝いムードでたくさん飲みたくなるものです。

　お代わりのお酒を頼みたい時は、近くのサービススタッフに手を挙げてお願いするわけですが、意外にサービススタッフがそれに気がついていない場合があることが、司会席から見て分かります。

　サービススタッフは、自分の担当のテーブルに確実に料理や飲み物を提供しようと考えてしまうため、そうなることは仕方ないかもしれませんが、仕方ないで済ませるわけにはいきません。

　司会者が気づいた場合は、列席者の席に足を運び注文を伺いましょう。列席者から見れば、サービススタッフも司会者も同じブライダルスタッフなのです。

79

お色直しの中座

　パターンとしては、二つあります。

　新婦が先に、新郎が後と別々に中座する「別退（べったい）」と、新郎新婦が一緒に中座する「同退（どうたい）」です。

　別退は、新郎新婦各々が中座する時に、列席者の誰かが付き添い役を務める場合がほとんどで、新郎新婦が事前に決めておきます。

　予め依頼する場合と、その場で司会者からサプライズで指名される場合があります。

　同退は、付き添い役がいないのが普通です。それは新郎が新婦のエスコートをするからです。

　お酒があまり飲めない新郎の場合は、お酒を勧められないように同退で中座してしまった方が無難でしょう。「新郎新婦は、何事も一緒」というようにアナウンスしてもいいでしょう。同退であれば、二人の写真がたくさん撮れるという、メリットもあります。

　新婦の着替えは「お色直し」、新郎の着替えは「お召替え」という言葉を使います。

　同退の場合には、「これより新郎はお召替え、新婦はお色直しのため、中座なさいます」と、アナウンスします。

　新婦はお色直しがあり、新郎は着替えない場合もあります。しかしキャンドルサービスなどがある場合は、新郎も一度お部屋を出なければなりません。

　新郎が中座する時のアナウンスとしては、「新婦のお迎えのために中座いたします」となります。新郎を会場の脇からそーっと出してしまう場合は、その限りではありません。

第3章　●　当 日

ご歓談

　30〜40分のお色直し中、宴会場は会食の時間となります。

　お酒も進み、列席者のテンションも上がってくるでしょう。

　ここは、食事や列席者同士の会話を自由に楽しむシーンですので、無理にアトラクション的なものを行う必要はありません。

　しかし余興の数が多い場合は、この場面で歌を歌っていただいたり、楽器の演奏をする人がいればＢＧＭとして披露していただいたり、新郎新婦の思い出の写真を綴った「プロフィール映像」を上映したりします。

　この歓談時の司会者の仕事としては、お色直し入場後の余興をしていただく列席者への確認作業があります。

　各席を回り、該当者に「この後、何番目が出番である」旨を伝え、その際には名前と紹介の確認をしたり、歌なら曲目などを確認したりします。

　この時に大切なことは、その方とできるだけコミュニケーションを取ることです。その方と仲良くなることで、どのように紹介すればいいのか、イメージできるようになるからです。

81

キャンドルサービス

　新郎新婦が再入場となります。お色直しが終わると、介添えがお二人を会場まで誘導してきます。そして介添えは「着替え終わりました」と、会場内のキャプテンに連絡してきます。司会者にとっては、この介添えが会場に入ってきた時が合図です。

　司会者は、お部屋を出て新郎新婦に会場内の雰囲気を伝えて、リラックスさせることもあります。

　その後、司会台に戻り、キャプテンの合図を待ちます。会場内を歩き回っている列席者が多いようなら、キャプテンからの合図を待たずに「まもなく装いも新たにご入場となりますのでお席をお立ちの方、どうぞ一旦お席にお着きになりましてお待ちください」と、案内します。

　それでも席に着かないようなら、そのまま進めましょう。入場時に会場が暗くなれば、立っている人も自ずと席に着いてくれます。

　キャプテンから合図があったら、「お食事のところ大変恐れ入りますが、これより新郎新婦が装いも新たにご入場です。皆様のテーブルのキャンドルに幸せの明かりを灯してまいります、キャンドルサービスにてのご入場です。それでは、大きな拍手でお迎えください。新郎新婦ご入場です」。

　後はボリュームいっぱいの音楽に乗せて、新郎新婦が入場してきます。司会者は実況中継する必要はありません。

　ここで気をつけるのは、キャンドルサービスの説明です。

　×：皆様のテーブルのキャンドルに、愛の火（炎）を点火します。

○：皆様のテーブルのキャンドルに、幸せの明かりを灯してまいります。

「愛の…」は連発すると、わざとらしくなり聞いてる方も恥ずかしくなってしまうでしょう。「火」というのは、夢が感じられません。

また「炎」というのは、めらめらと燃えるものですから、柔らかい表現を使うよう、心がけましょう。

メインキャンドル

キャプテンの誘導により列席者の各テーブルに点火した後、いよいよ新郎新婦席のキャンドルに点火です。このキャンドルにはメインキャンドル、ブライダルキャンドル、メモリアルキャンドルなど、様々な呼び方があります。

葬祭場でメモリアル○○という名前が増えてきていることもあり、結婚式では「メモリアル」という言葉は敬遠されています。

ピラミッドキャンドル

ピラミッドキャンドルというものもあり、小さいキャンドルがピラミッドのように積み上げてあります。

大きいキャンドルは、再入場後に新郎新婦が点火します。その周りにある小さいキャンドルは、新郎新婦が入場する前に、列席者に点火してもらったりするのですが、この友人達の点火風景には、あまり盛り上がりを感じません。

着物にろうそくの蝋を垂らして慌てるなど、演出としてお薦めできない側面もあるようです。サービススタッフが事前に点けて、それを会場にセッティングする方が自然かもしれません。

余興

　親族や友人等のスピーチ、歌、演奏などがいわゆる余興というものです。目安として一組5分程度で見積もっておくといいでしょう。

　しかし寸劇など、着替えが必要な場合もあることから、予め詳細を聞いておいた方が安心です。

　可能な組数は会場によって異なりますが、多くても会場からの了承があれば受けて構いません。

子供たちへのプレゼント

　新郎新婦との打ち合わせ時に「子供花束のお返しプレゼントって、皆さんはどんなものを用意していますか？」と、よく質問されます。ぜひスマートに回答してあげましょう。

　その子供の母親に、何を喜ぶかリサーチする、という方法が確実です。定番としては、皆さんに見てもらえるように敢えてラッピングをしないぬいぐるみや、お菓子の詰め合わせなどがあります。

　子供たちにプレゼントしてはいけない物もあります。それは鳴り物や飛ばし物です。

　鳴り物とは、楽器やサイレンの付いたパトカーや電車などのおもちゃ類で、これを花嫁のお手紙のシーンなどで鳴らされたら、しめやかな雰囲気が台無しになってしまいます。

　飛ばし物とは、フリスビーやプロペラ飛行機などです。ドローンなんてプレゼントした日には、その後どうなるのか想像するだけで恐ろしくなります。

花嫁の手紙

　花嫁から親御様への、感謝のお手紙朗読のシーンです。

　誰が読み上げるかは、①新婦本人、②友人・兄弟姉妹、③司会者、と大きく３つに分かれます。

　もちろん本人が読むのが一番ジーンとくるのですが、司会者に依頼されたらもちろん引き受けます。その場合は事前に文面内の名前や地名の読み方の確認が必要となります。

　代読ですが、このシーンは男性より女性の方がお薦めです（女性司会者なら問題なし）。男性の声で「お父さん、お母さん」より、女性の方が、それこそ新婦に近いイメージになるからです。

　お手紙を読み上げる前に、列席者が聞く雰囲気を作ります。

　「さあ、皆さん、大切な時間ですよ」と、言ってもいいでしょう。その空気を作ってから、読み上げのスタートです。

　声のトーンは少し下げます。そして、列席者が聞いていてイメージしやすいように、ゆっくり読むことを心がけます。

文面のアドバイス

　お手紙の時間はあまり長いと列席者も疲れてきますので、２〜３分程度に収めた方がいいでしょう。

　新郎新婦には、目安として400字詰め原稿用紙に換算すると２枚程度とアドバイスします。アナウンサーは400字を約１分で読み上げます。その半分の200字で30秒、句読点や段落などで、実質180文字程度です。30秒で割り算すると１秒で５〜６文字となり、例えば「ございます」で１秒です。ご参考までに。

親御様への花束贈呈

　今日の佳き日の喜びと、今までの感謝の気持ちを花に託して、母へは花束、父へはブートニアを贈ります。

　司会者が最後の時間調整で祝電を読むなり、花束贈呈の旨を告げると、アシスタントキャプテンは親御様を会場下座に案内します。メインテーブル席では、新郎新婦が花束を手に歩き始めます。

　新婦が親御様へのお手紙を読み上げる場合は、メインテーブル席前に移動して、スタンドマイクを使います。

　司会者が読み上げる場合も、新郎新婦はこのメインテーブル席前で花束を手に、読み終わるまで待ちます。

　お手紙の後、新郎新婦が歩き始め、親御様の前まで移動したところで、「それでは花束の贈呈です」と、アナウンスし、拍手を促します。

　正式には、新郎新婦は相手方の親御様へ、「これからよろしくお願いいたします」という意味を込めて渡す「クロス贈呈」となります。

　一方、自分の親へ感謝の気持ちで贈りたいという新郎新婦もいます。こちらは「ストレート贈呈」と呼ばれます。

　クロスかストレートかは、要望次第です。柔軟に対応しましょう。

　母子（父子）家庭の場合、伯父様や伯母様などが代わりに立つこともありますが、正式には親以外に立っていただく必要はありません。なぜなら「両親」への花束贈呈のシーンだからです。

　花の代わりに、旅行券などの記念の品をプレゼントするという新郎新婦もいます。

第3章 ● 当 日

謝辞

　親族からの謝辞は、招待した側が列席者に感謝の言葉を述べます。一般的には、両家を代表して新郎父が務めることが多いのですが、新婦父が続いて行う場合もあります。

　長い宴席の結びにあたり、1～2分の間で充分な感謝の意を伝えるものが望ましいでしょう。

　新郎父がいない場合の挨拶は、新婦父または新郎本人が務めます。

　新郎新婦双方が母のみの場合は、新郎または新郎伯父や新郎兄など、身内が務めます。

新郎新婦退場

　謝辞が終わると、司会者の号令で新郎新婦と親御様は退場します。

　退場後、宴会場の扉は一旦閉められ、会場の外では新郎新婦と親御様が、列席者お見送りの準備を始めます。

　お見送り準備が出来上がったところで、扉が開きます。キャプテンから司会者への合図を確認し、送賓開始のアナウンスをします。

閉宴の辞

　会場の扉が閉まっている間、司会者はトークで場を繋ぎます。内容は、新婚旅行のことやお開きの挨拶などです。

　「お開き」を告げるタイミングは、謝辞が終わって新郎新婦が退場する前なのか、新郎新婦が退場して列席者お見送りの準備をして

87

いる間なのか、どちらが正しいということはありません。新郎新婦を退場させてからゆっくりお開きの案内をした方が、時間の節約になります。

　新郎新婦が退場した後、「皆様のおかげでこのご披露宴も和やかに進めることができました、ありがとうございました。以上をもちましてお開きといたします。本日はありがとうございました」と、いう具合です。

エンドロールムービー

　会場外で新郎新婦が列席者のお見送りの準備（プチギフトなど）をしている間、列席者には席でお待ちいただくことになります。
　この時間を有効に使おうと考え出された演出の1つが、エンドロールムービーです。

　お越しいただいた列席者への感謝の気持ちを込めて、皆様の名前を映画のエンドロールのように上映し、最後に新郎新婦からのメッセージを添えます。
　タイプとしては、列席者の名前や写真を事前に編集したものと、当日の結婚式のダイジェスト版として、挙式から披露宴前半ぐらいまでの映像を超特急で編集した物があります。
　後者の方が高価ですが列席者は喜んでくれます。なぜならば、列席者の姿が映っているからです。

お見送り

　列席者を、スムーズにお開き口へ誘導します。お開きになってから一所懸命食べ始めたり、ケーキの前で写真撮りを始めたり、会話に花が咲いたりと、なかなか帰らない方もいらっしゃいます。

　その時は、「お客様、新郎新婦がお待ちでございますので、どうぞお進みくださいますようお願いいたします」と、上品に促します。

　スタッフから新郎新婦へのご挨拶は、最後の列席者の後に司会者、キャプテン、介添えの順となります。

　列席者が退席した後で会場の扉を閉め、後片付けが始まります。

　そして司会者は、両家への挨拶の後、キャプテンにも挨拶をして、司会者の仕事は終了です。

進行に際しての補足

映像（DVD）の上映

　制作を請け負う業者もいますが、お手軽な映像編集ソフトなどが流通していることから、新郎新婦の手作り映像での上映も多いものです。

　映像の種別としては、新郎新婦入場前の「オープニングムービー」、お色直し中に上映する新郎新婦の幼少の頃からの物語を表現した「プロフィールムービー」、そして送賓前の「エンドロールムービー」などがあります。

司会者としては、列席者へ楽しい映像であるとワクワク感を伝えることも重要ですが、音響スタッフが映像をスタートしやすいように、合図になるようなトークにすることも、大切です。

　オープニングムービー：明るくさわやかにトークします。
「新郎新婦入場にあたりまして、先ずはオープニングムービー、スタートです。どうぞ！」

　プロフィールムービー：「新郎新婦の生まれた時からの物語です。ご列席の皆さんも映っているかもしれませんよ。ではご覧ください。プロフィールムービー、スタートです！」

　エンドロールムービー：司会者トークとしては、大きく２通りあります。
「スクリーンをご覧ください、新郎新婦からのプレゼント映像です」とだけ言って、映像を見て列席者に感動を与えるサプライズ方式と、エンドロールに繋がるように、「今日、素敵なドラマを作り上げてくださった皆様、ありがとうございました。ここで本日このドラマにご出演いただきました、オールスターキャストを改めてご紹介いたします。どうぞ！」と説明をつけるかです。

　その結婚式場の方針がある場合もありますので、キャプテンに事前に確認しておくといいでしょう。

第3章　●　当　日

走り回る子供対策

　私の子供時代もそうでしたが、子供はなかなかじっとしていません。広いところがあれば走りたいし、ドアがあれば開けてみたいし、ボタンがあれば押してみたいものです。その好奇心は分かりますが、司会者からするとスムーズな進行を妨げる要因でもあり、司会者泣かせとも言えます。

　結婚式はフォーマルな場である以上、親は我が子をおとなしくさせるという責任があります。しかし、人に迷惑をかけている姿を見ても、そのままにしている親が少なくありません。

　対策として、それを逆手に取った効果的な阻止トークがあります。親御さんへ、「先日、あそこでつまづいて額をぶつけ、何針も縫う大怪我をなさったお子さんがいらっしゃいました。充分お気をつけくださいね」（ちょっとオーバーに書いてしまいましたが…）。

　これが実に効果的です。我が子が怪我するかもしれないと聞いたとたん、必死になって走り回るのを止めさせるのです。

　この心理作戦を使えば司会者の勝利ですね。

広さは東京ドーム何個分！とは言いますが…

　上野公園の敷地面積は「53万㎡です！」と言われるよりも、「東京ドーム11個分です！」の方が、規模感は伝わりやすいものです。

　司会の現場でもこの手法は有効です。しかし気をつけなければならないのは、東京ドームになじみのないエリアの人々に東京ドームを尺度にして話すと、逆効果になってしまうことです。

　私は東京在住ですが、横浜で司会をする時は「横浜スタジアム何個分」、千葉で司会をする時は「千葉のマリンスタジアム何個分」

という言い方に換えています。

　皆さんがお住まいのエリアでは何を尺度にするといいのか、広さなども調査して、地域色を備えたトークも準備しておきましょう。

　参考までに、日本の主要ドーム球場の面積は、

・札幌ドーム　　55,168㎡

・東京ドーム　　46,755㎡

・ナゴヤドーム　48,169㎡

・大阪ドーム　　33,800㎡

・福岡ドーム　　70,000㎡

ご祝儀

　このこと自体、どの司会者の本にも載っていないでしょう。なぜなら期待する物ではないからです。しかし、いざ差し出された時に失礼な振る舞いをしてしまってはそれこそ無礼者になってしまいます。

　ご祝儀の本来の意味は、両家から、運転手を始め料理を運んでくれた人、荷物を運んでくれた人など、お祝いに関わってお世話してくださった人達に、少々のお金や品を渡して「少しですが、これでいっしょにお祝いしてください」という意味合いのものです。

　両家からの気持ちなので、ありがたくいただけば失礼になりません。

　差し出されたら、「恐れ入ります、では、ありがたく頂戴いたします」と、両手で受け取ります。のし袋にピン札で入っている物もあれば、ビール券や、宴の最後になってお母様が急に財布からお金を出してティッシュにくるんでという、いわゆる「ちり紙ご祝儀」まで様々です。

92

気遣い

ご両家への気遣い

　親御様は、我が子が「皆さんに失礼がないようにきちんとできているのかしら？」という不安を抱えています。その不安を払拭してあげるためにも、披露宴の乾杯後くらいにお席に足を運び、ご挨拶をしましょう。それも、親御様はどんなことを言われたら嬉しいのか考えて、ご挨拶するといいでしょう。

　もちろん本日お披露目するわが子を褒めてもらえるのが、一番嬉しいはずです。
　「新郎和彦さんは、人柄がいいですね」
　「とても感じがいいです」
　「楽しいお友達がいっぱいでいいですね」
　「結婚式の準備もしっかりなさいましたよ」
　「さすが長男ですね」
などと声をかけると、安心して笑顔になってくださるでしょう。
　これまで育ててきた労をねぎらう言葉もいいでしょう。
　「立派にお育てになりましたね」
　「お子さん達、兄弟仲がいいですね。それも親孝行の一つですね」
などとお伝えすると一層誇らしい一日になるのではないでしょうか。

　会場を見回しながら、全体がスムーズに進行しているかどうかを意識してするのは、大前提であり当たり前のことですが、私はトークしながら、親御様の反応を気にすることが多いです。

親御様が笑顔なのか、複雑な顔をしているのかによって、新郎新婦を飾ったり、エピソードを話したり、新郎をもう少し褒めて差し上げようか、新婦とお母さんの思い出話をもっと膨らませてみようか、などと考えます。列席者の中でも最もしっかり司会のトークを聞いていてくださるのは親御様かも知れません。

スピーチ、余興の方への気遣い

スピーチや余興をする側からすれば、出番はいつ頃なのかが分かっていれば、安心して披露宴を楽しめるものです。一つ前の出し物の内容を伝えておけば、それが始まった頃には心の準備もしていただけます。共に結婚式を盛り上げてくださる方々の緊張感を少しでも和らげるために、できることをいつも考えておきましょう。

列席者への気遣い

　　料理の重要性

『ゼクシィ』のアンケート調査結果で、列席者が満足した、いい披露宴だったというものをランキングすると、

１位　あー、美味しかった

２位　あー、楽しかった

３位　あー、二人らしかったね

料理は重要であることが読み取れます。

新郎新婦も料理にこだわる方が増えてきました。

列席者の皆様においしく召し上がっていただけるよう、食事の内容や配膳のタイミングなども考慮しながら、司会進行をしましょう。

進行に関する説明

端的に分かりやすく話すには、相手のペースに合わせることが鉄則です。

例えば、キャンドルリレーの説明をする場合

「皆様のテーブルのお席には、高さが5cm程の白やブルー、ピンク、イエローなどの色をした小さいキャンドルが置いてあると思います。このキャンドルは…」

と、言葉だけで説明しようとすると、列席者は聞いた言葉を頭の中で想像しなければなりません。

列席者のテーブルから1つお借りして、列席者に見えるようにしながら、「皆さんのお席に、こういうのがありますよね！これは…」という風に、聴覚＋視覚で説明する手法を使いましょう。

言葉ばかりが入ってくると、だんだん聞くのが面倒臭くなるものです。

忘れ物のご案内

ロビーやお化粧室などに置き忘れてあった物について、司会者が「お忘れ物が届いておりますが…」と、アナウンスするケースがよくあります。このシーンでは「忘れ物を預かっていますので、司会席まで取りに来てほしい」旨を伝えるのが目的です。あからさまにアナウンスしない方がいい場合もあります。

私の新人時代の経験談なのですが、自転車の鍵が司会席に届けられました。開宴前の司会者挨拶時に、「自転車の鍵が届いております。誰かいらっしゃらないですか？」と、アナウンスしたのですが、誰も手を挙げませんでした。

しかし、乾杯後に列席者の一人が、私の所に鍵を受け取りにやってきました。「披露宴冒頭の"シーン"としているところだったので、自転車の鍵なんて恥ずかしくて手が挙げづらかった」とのことです。

私は、心遣いが欠けていることを大いに反省した次第です。

そんな経験から、それ以来「○○の落し物が届いております。司会席でお預かりしておりますので、お心当たりの方は後ほどで結構です、いらしてくださいませ」程度のご案内にしています。

また、女性物のハンドタオルなど、ある程度落とし主の的が絞れそうであれば、マイクを使わずにその年齢層の座っているテーブルを回って、「こちらにお忘れ物があります。お心当たりの方いらっしゃいませんか？」と、直接お尋ねすることもあります。

マイクとトークだけに頼らない、人肌を感じるスタイルだと思いませんか。

サービススタッフへの気遣い

サービススタッフが、司会台にお水を用意してくれることがよくあります。用意していただいたら、お開き後は自分で片付けましょう。飲み終えたコップを近くの列席者のテーブルの上に置けば、列席者の使ったグラスと一緒にスタッフの方が片付けてくれます。

「当たり前じゃないか」とお思いでしょうが、私が司会台に行くと、前の宴の司会者の飲み終えたコップがそのままになっていることが少なくありません。

「立つ鳥跡を濁さず」の心を忘れないようにしましょう。

第4章　基礎知識

これまでお伝えしてきたように、結婚式の司会をするのであれば、いろいろな知識を持っている必要があります。

そこで、時には私の見解も交えながら、恋塚流ブライダル講座、というところでしょうか、ブライダルの基礎知識をお話しましょう。

日本本来の結婚式の考え方

平安時代は貴族が台頭していましたので、結婚式も貴族文化が踏襲され、男性が女性の家に入る「婿取婚」でした。

鎌倉時代からは侍の時代が始まり、結婚式も侍文化となりました。侍は結婚したからといって、その地を離れることなどできないため、今度は「嫁取婚」になり、それが今日に継承されています。

現在の挙式披露宴スタイルは明治時代に遡ります。

多くの家庭では、家の大広間で親戚を呼んで、お膳を上げて新郎新婦をお祝いする「自宅結婚式」を執り行っていました。

しかし明治時代になると、お洒落な西洋文化が花開き、披露宴の料理も西洋料理でもてなすのがお金持ちのステータスとなっていきました。椅子とテーブルで会食となると、さすがに家の大広間というわけにもいかず、街のレストランや会館での披露宴という文化が広がりました。そして現在では、「ウサギ小屋」とまで言われる日本の住環境から、挙式も披露宴も自宅ではなく結婚式場で行うのが普通となっていったのです。

とはいえ、場所は変わっても結婚披露宴の本来の意味は変わっていません。例えると、七五三と同じ意味合いと言えるでしょう。

日本がまだ発展途上で、医療技術が発達していない時代、子供の生存率は低かったそうです。だからこそ3歳、5歳、7歳になったのを節目に神社にお参りし、感謝し、近隣の人にも、「おかげさまで健康に育っています。今後ともどうぞよろしくお願いします」と、感謝を伝えたものでした。これが七五三の由来です。

その子供達もやがて一人前になり、結婚して独立する時が訪れます。そこでお世話になった方を招待し、「日頃はありがとうございます。おかげさまで所帯を持つに至りました。今後ともどうぞよろしくお願いします」と、改めて感謝の気持ちを伝えたのが、結婚披露宴の本来の目的です。

私たち結婚式に携わる者は、この趣旨を心に抱きながら現場に臨むことが必要です。

日本国憲法にある婚姻に関する記載

日本国憲法第三章二十四条に婚姻に関する記載があります。

「婚姻は、両性の合意のみに基いて成立し、夫婦が同等の権利を有することを基本として、相互の協力により、維持されなければならない」と、あります。この条項のポリシーとしては、基本的人権の尊重、そして男女同権が根底にあります。

さてこの「両性」という言葉ですが、それは男性と女性であり、同性は認めていないということになります。日本国憲法が施行された昭和22年の時点では、同性婚は想定もしていなかったのでしょう。

ならば、この憲法を改正すればいいのではないか？ と思ったりもするのですが、憲法を変えるというのは、国のポリシーに見直し

が入るということで、簡単なことではありません。現にこの日本国憲法は今まで一度も改正がなされたことはないのです。

新郎新婦のニーズのトレンド

　新郎新婦の好みは、ここ20年間で大きく変化しているようです。

　20年前までは、お開き後、または披露宴の後日に新郎新婦に感想を伺うと、「楽しかったです！」「盛り上げていただきありがとうございました！」という言葉を、よくいただきました。

　しかし最近は、「列席したみんなが楽しいって言ってくれました」「両親も喜んでいました」「私の上司が、あの司会者は楽しかった、と言っていました」、といった言葉を頂戴します。自分たちが楽しむことよりも、来てくれた列席者からの評価の方が、新郎新婦にとっては喜びのようです。

　今の挙式・披露宴は、おもてなし重視の傾向があり、おもてなしをした相手から喜んでもらえれば大成功なのです。

　それならば、司会者も列席者をおもてなしすることを考えて話すことが、トレンドだと言えるでしょう。

　『ゼクシィ』が毎年行っている、結婚式後の新郎新婦へのアンケート「ゼクシィトレンド調査」によると、次のような結果が出ています。過去５年程、「アットホームであること」「親・親族に感謝を伝えるため」は不動の１位です。

披露宴でこだわったことは何ですか？

第1位　アットホームであること

第2位　自分らしさが出せること

第3位　自分らしさが表現できること

第4位　列席者を退屈にさせないこと

第5位　列席者も参加できるようにすること

披露宴をしたいと思った理由は何ですか？

第1位　親・親族に感謝を伝えるため

第2位　親・親族に喜んでもらうため

第3位　友人等親族以外の人達に感謝を伝えるため

第4位　以前から憧れていたため

第5位　友人等親族以外の人達に喜んでもらうため

第6位　けじめなので

第7位　列席者に自分達の姿を見てほしかったため

第8位　自分達が楽しみたいから

第9位　するのが当り前だから

第10位　親・親族に勧められたから

（出典：ゼクシィトレンド調査 2018）

　これらを見ると、司会者はどんなことに重点を置いてトークしなければならないかが見えてきます。

料理

　昭和の披露宴は、日本料理、西洋料理（フランス料理）、中国料理、折衷料理程度でしたが、今はこれらに加えてイタリアン、そしてこの美食の時代、ヌーベルキュイジーヌ（新感覚フランス料理）、ヌーベルシノワ（新感覚中国料理）など、選択肢が一気に広がりました。

　メニューや味はもちろんのこと、盛り付けも大きく変わりました。どれも美しくて、「さあ、美味しくご馳走になるぞ！」と、テンションが上がる料理ばかりです。

　披露宴ではコース料理が提供されますが、80〜90分で楽しめるような時間配分とボリュームにアレンジがされています。一皿減らすのはいいとして、増やしてしまうと召し上がっていただく時間配分も違ってきますので、要注意です。

　そこで、私は現場に入るとメニューも必ずチェックするようにしています。

西洋料理（フランス料理）

　披露宴で最もポピュラーな西洋料理ですが、本流はフランス料理であり、フランス宮廷料理に由来します。

　フランス革命後、失墜した貴族のお抱え料理人たちは職を失いました。彼らはパリ市内に「お気軽に宮廷料理を」とレストランを開業し、それが民衆に広まったことにより、世界に知られるようになったのです。

　フランス料理は提供される順番が決まっています。

　①アミューズ（省略される場合もあり）　②オードブル（前菜）

③スープ　④魚料理　⑤シャーベット（お口直し）　⑥肉料理
⑦サラダ　⑧デザート・ケーキ　⑨コーヒー

フランス料理はソースの料理

その昔16世紀頃、フランス・パリのベルサイユ宮殿に食材として魚介を運ぼうとすると、一番近い海はブルターニュ地方（モンサンミッシェル方面）でした。距離にして370km（東京－名古屋の距離）あります。今でこそパリ－モンサンミッシェルの日帰りツアーもありますが、当時は馬車で３日半かかったと言います。当然のことながら魚介は腐りかけていたようです。

そこでパリの宮廷料理人が、ビネガー酢などを調合したソースをかけて試食してみたところ、それが思いがけなく美味しかったのだそうです。これがフランス料理がソースの料理と言われる所以です。

イタリア料理

レストランウェディングが流行り出す前は、披露宴でイタリア料理を目にすることは滅多にありませんでした。しかし今では、イタリア料理も高級感があり、フレンチよりヘルシー感があるということで、これを振る舞う披露宴も少なくありません。

イタリア料理は、フランス料理の源流です。婚礼で提供されるイタリア料理は、宮廷料理ではなく、ブルジュア料理であり、裕福な階級が楽しんだ料理です。

提供される順番は次の通りです。

①アンティパスト（前菜）　②プリモピアット（第１の皿）
③セコンドピアット（第２の皿）　④ドルチェ（デザート）

⑤コーヒー

　プリモピアットはメインの前という位置づけで１〜２皿、パスタ、ピザ、リゾットなど炭水化物系が多く、日本人はもうこの段階でお腹がいっぱいになってしまいます。セコンドピアットはメインで、やはり１〜２皿、魚料理や肉料理となります。

　もちろん日本の披露宴では、一皿当たりの量は少な目にしてデザートまで楽しめるようにアレンジされています。

日本料理

　日本料理の形式は、大きく三つ（本膳料理、会席料理、懐石料理）に分類されます。

　本膳料理はお膳に乗せられた状態で、お膳単位で、一の膳、二の膳、三の膳、与の膳と運ばれてきます。

　披露宴では、２時間半の宴中に食べ終えられるボリュームの会席料理が、一般的です。

　ちなみに、同じ発音の懐石料理という物があります。「懐石」は修行僧が空腹をしのぐために懐に暖めた石を入れたという軽い空腹しのぎという意味を持ち、現在では茶席で出される精進料理を指します。

　基本的な献立は、朝の茶会なら、汁、向付、煮物、焼物の一汁三菜です。昼や夜は、これに強肴、八寸が加わって一汁五菜となります。

　日本料理はそのポリシーとして、その土地の旬の物を美味しく召し上がっていただくことを大切にしているため、地域によって献立や順番が異なってきます。

　提供されるコースの一例は、次の通りです。

①先付け　②前菜　③吸い物　④向付（お造り）　⑤煮物
⑥焼き物　⑦揚げ物（天ぷらが一般的）　⑧蒸し物
⑨酢の物（お口直し）　⑩ごはん・留椀・香の物　⑪水菓子（果物）

中国料理

　中国料理も人気があります。大勢で丸テーブルを囲み取り分ける
スタイルは、披露宴に慣れている列席者には新鮮で、喜ばれること
も多いようです。ただ披露宴では、一人一人に料理を提供するスタ
イルが一般的です。提供されるコースの一例は、次の通りです。

①冷菜（前菜）　②熱菜（メイン料理）　③スープ
④ご飯・麺類　　⑤点心

セレクト料理

　究極のサービスがあります。それはセレクトメニュー料理です。

　招待状の返信ハガキを出す時に、列席者は当日の料理として、新
郎新婦が用意したいくつかのコース（西洋料理・日本料理・中国料
理・アレルギー対応など）のいずれかに、○をするのです。

　披露宴当日は、列席者に事前に選んでもらった料理を、個別に提
供することになります。隣に座っている人と異なる料理が出てくる、
ということです。

　隣の人同士で料理を見せ合ったり、味の感想を言い合ったりとそ
れはそれで楽しいのですが、司会席から見ていると、列席者は何か
しら落ち着きがないように見えます。

　人間の心理で、他人が食べている物の方が美味しそうに見えてし
まうのでしょうか。セレクト料理は、賛否両論のようです。

衣裳・小物

　日本の狭い住環境からすると、かさばってしまう花嫁衣裳は買っても置き場所がなく、お直ししても本人が再び着る機会は滅多にないでしょう。そんな理由もあって日本ではレンタルの占める割合が高くなります。一流デザイナーブランドのドレスは、レンタルでも20万円以上となります。

　ノンブランドのドレスを購入する花嫁も、少なくありません。

　10万円以下で純白のウェディングドレスを購入することもできますし、リゾートウェディグや1.5次会披露宴など複数回着用する場合は、借りるよりも買ってしまった方が、経済的でもあります。

　衣裳の小物は、ヘッドドレス、ネックレス、イヤリング、グローブ、靴など多岐にわたります。新郎新婦が結婚式場へ新規見学に行く時にもらう最初の見積書には、ドレスだけが記載されていて小物は含まれていないことが多く、小物を含めていくとチリも積もれば形式で、金額はアップしていきます。

　ヘッドドレスには、カチューシャ、クラウン（ミニ王冠）、ティアラなどがあります。

　海外ではティアラは代々その家で大切にされ、花嫁に受け継がれていきます。日本ではファッション感覚で身につけますが、日本のドレス姿にティアラが増えてきたのは、実は平成になってからです。皇后雅子様のご成婚パレードを機に、これを着ける花嫁が増えました。

　司会者は、時として花嫁のお気に入りのドレスのこだわりを代弁

することも必要です。

　花嫁は、「ドレスのこの部分が気に入っているの。みんな見て！素敵でしょ！」と、自分からは言えないのです。

　ぜひその気持ちを汲み取って、代弁してあげましょう。

ヘアメイク

　挙式当日、花嫁の美容室への入り時間は挙式の2.5時間前です。そして約1時間かけて、ヘア、メイク、着付けを行います。

　ここでトラブルが起きることがあります。花嫁とスタッフ間で、出来上がりイメージが違ってしまった場合です。プロのスタッフがヘアメイクを完璧に仕上げたとしても、花嫁から「思っていたのとイメージが違う」と言われてしまうと、そこでアウトなのです。

　このトラブルを回避する手段として、リハーサルヘアメイクがあります。リハーサル時に花嫁とスタッフでイメージを合致させておけば、当日のトラブルは避けられます。花嫁からすればヘアメイクは最もこだわりを持つものの1つでもあり、リハーサルは必須なのです。

　「イメージと違ったけど、とっても良かったですよ」とまで言ってもらえるくらい、花嫁とのコミュニケーションを密にする必要があります。

装花

　ブーケやテーブル装花など、花へのこだわりというのは女性特有のものと言えるでしょう。テーブル装花は会場全体の雰囲気を大きく左右するので、丁寧に選びたいポイントの1つです。

　一般的に結婚式場のブーケは高価です。近隣のお花屋さんに作ってもらえばその半額で出来てしまうでしょう。しかし、高いのには理由があるのです。

　結婚式場の生花店は、ウェディングドレスに合わせるブーケを作るために、品質の良い高価なグレードのお花を仕入れます。例えば、ハイクラスのバラを20本仕入れたとしましょう。ブーケ制作時はその中からさらに厳選して、特に品質のいいバラが10本選ばれ、ブーケの一部となっていくのです。

　このようにブーケ制作の手順をしっかり説明してあげれば、花嫁は安心して結婚式場にブーケをオーダーするでしょう。

テーブルコーディネート

　テーブルコーディネートも、おもてなしアイテムの1つです。

　その昔、テーブルクロスも膝の上に広げるナプキンも、そしてお皿まで、すべてが白でした。

　しかし今では、クロスやナプキンは、新郎新婦が豊富な色の中からこだわりの色を指定して、クロス業者からレンタルできるようになりました。お皿も、お二人の好みに合わせたデザインをペイントしたお皿を、レンタル提供してくれる業者まで出てきました。

第4章 ● 基礎知識

　新郎新婦の衣裳とマッチングさせたり、照明を変えることで別の
雰囲気にさせたりと、一層幅広いコーディネートができる時代です。
存分に活用したいものです。

写真

　プロのカメラマンに写真撮影を依頼する新郎新婦は、持ち込みも
含めるとほぼ100%です。プロの方が安心というニーズでしょう。

　しかし落とし穴もあるのです。例えば、持ち込みカメラマンが婚
礼撮影の経験がない"芸術写真専門"である場合です。

　確かに各種写真コンテストに入賞しているという実績はあるので
しょうが、ウェディングドレスのトレーンをどのように流して撮る
と花嫁が輝くのか、笑顔を引き出すにはどうするのか、などといっ
たポイントは、毎週花嫁を撮影している結婚式場専属のカメラマン
や、現場でそれを見ている司会者の方がよく知っているでしょう。

　結果、芸術写真カメラマンは、ドレスの後ろ姿写真や振り返る瞬
間の顔半分の写真など、芸術的には「すごい写真」を撮ってくれる
のですが、私たちからすれば、花嫁の輝く姿をたくさん撮ってほし
いと思ってしまいます。

映像

　ビデオ撮影は、写真撮影に比べると低い受注率です。ビデオ撮影
商品の提案の仕方に、改善の余地があるかもしれません。

　新郎新婦からすると、写真はプロにお願いしてもビデオの予算は

109

削りたい、友人で撮影が好きな人がいるのでそちらに頼みたい、全体の雰囲気ぐらいは残したいので家族に撮ってもらえばいい、撮ってもあまり見ないと思う、などの理由で見送ることが多いようです。品質の良し悪しは、あまり気にしていないのでしょう。

　ブルーレイやデジタルドルビーなど高品質の説明ではなく、どんなシーンを残せて、将来見た時にこんなにいいことがある、という「物語」を伝えれば、新郎新婦は頼みたくなるかもしれません。

　また、ビデオのオーダーに関しては面白いデータがあります。

　大半の新郎新婦は、挙式日から１か月以内、しかも何社かから見積りを取ったりはせずにオーダーをしているようです。おそらく挙式間近になって予算に余裕があると分かったので、映像業者や品質の内容を検討せずにオーダーしているのではないかと考えられます。

　ちなみに、出来がったDVDディスクの再生回数は、新郎新婦よりも親御様の方が多いようです。

引出物

　地域性があるため一概には言えませんが、その昔は縁起かつぎで割り切れない数が良いということで、大きな引出物袋に５個、７個と品物をいっぱい詰め込み、ご両家の羽振りの良さをアピールしたものです。しかし現在、都市部では、品物１個＋引き菓子１個＝合計２個がスタンダードとなっています。

　結婚式が簡略化の傾向にある近年では、２つでもいいのでしょうが、列席者はご祝儀を用意する時、２万円は割り切れる数字になる

ため、わざわざ1枚増やして3万円を包んで来ます。

　ご両家側でも、割り切れる2つの品物を引出物にするのではなく、もう1つ簡単な縁起物を追加してでも、3つにするべきではないでしょうか。

　今や引出物の定番は、新郎新婦の想いが反映されていないカタログギフト＋定番のバームクーヘンです。

引菓子

　引菓子でバームクーヘンを選ぶ新郎新婦は、9割に及びます。

　では、バームクーヘンが最高の引菓子なのでしょうか。

　実は新郎新婦は引菓子にこだわりがなく、定番がバームクーヘンと聞けば、「じゃあ、それでお願いします」というのが、現状のようです。そこで逆転の発想として、バームクーヘンを覆す引菓子＆引菓子ストーリーが生まれれば、それが日本の引菓子のスタンダートになる可能性が出てきます。引菓子市場には、新規参入、異業種参入のビジネスチャンスがあると感じています。

プチギフト

　本来列席者へのお土産品として引出物を配っているのですから、送賓時にプチギフトを配る意味はないように思います。日本でプチギフトが始まったのは平成からで、それ以前はプチギフト業者自体存在しませんでした。

　昭和の時代、送賓時のプチギフトは全体の5％程度で、花嫁がお

家で作った自家製のマドレーヌやクッキーなど、手作りの品でした。

　受け取った列席者は帰りの電車や車の中で、手作り菓子を手に「花嫁の令子ちゃんは、絶対いいお嫁さんになるよね」なんて言いながら帰った訳です。つまり、当時のプチギフトは、新婦の女子力アピールのメッセージが込められた、配布することに意味のある物だったのです。

　それが今はどうでしょう。例えば、サッカー好きの新郎新婦が自分たちのこだわり！と言って、送賓時にミサンガ（手首に巻き付ける刺繍糸で作ったお守り）を配ったとしても、メッセージどころか、受け取った列席者はそれをどうすればいいのでしょうか？

　プチギフトを配る意味や目的を考えた上で、列席者へのメッセージが明確なもの、そして喜ばれるものを提案しましょう。

エステ

　一般のエステとブライダルエステの大きな違いは、後者には完了日予定日（締切）があるということです。このブライダルエステを行う花嫁は、全体の約９割です。

　ブライダルエステは高額ですので、躊躇する花嫁が少なくありません。しかし一生に一度のハレの日、自分への投資と考えてほしいものです。ドレスにはお金をかけるのに、エステは敬遠するということは、言い換えれば外見にはお金を掛けるけど、中身のケアはしないということになってしまいます。

　エステという優雅な時間を過ごすことで、身も心も磨いてほしいものです。

第5章　トラブル

どんな場面でも、トラブルは起こるものです。

　大切なのはその時にプロの司会者としてどう対処するかでしょう。

　ここでは、これまで私や私の仲間たちが遭遇したトラブル事例を、その対処法も含めてご紹介します。

トラブルに立ち向かう

　トラブルには、人為的ミス（オペレーションミス）と自然的ミス（突発的なミス）があり、対策としてできることは2つあります。

　一つは、トラブルが起きないよう事前の策を講じることです。そして、もう一つは起きてしまったトラブルを適切に対処することです。

　よくある困りごとは、時間通り進まないことで、理由は様々です。宴前では、衣裳が届かない、生花店がブーケプルズのリボンの手配を忘れた、レンタル先から手配した物と違う物が届いたなどです。宴中でも、主賓の遅刻、お色直しの遅れ、料理の遅れなど、実にバラエティに富んでいます。

　披露宴当日は常に時間との闘いです。思いがけないことが起こると、慌てたりイライラしたりしがちですが、司会者は冷静に進行をすることに専念して、周りにトラブルを感じさせないようにしましょう。

　時間稼ぎのための繋ぎも、司会者に課せられる大切な仕事です。ある意味プロとしての腕の見せ所でもあります。

　自然なトークを繰り広げるためには、新郎新婦の情報を事前にたくさん収集しておくことが必要です。挙式やこれまでの披露宴の様子を振り返るトークも、意外に列席者が聞き入ってくれるものです。

トラブルの対処方法

地震・火災・停電

　地震や火災報知器が鳴った場合、あたりは騒然となってしまうでしょう。火災が発生しているかもしれませんが、司会者の役割はその事実確認ではなく、列席者を落ち着かせることです。

　「落ち着いてください。問題があればすぐにお知らせしますので、どうぞお席にお着きください」と、落ち着いた声でゆっくりと語りかけます。

　避難を促すのは、会場側から指示があってからのことです。

　厄介なのは停電です。なぜならマイクが使えないからです。

　この場合は、大声を出して頑張るしかありません。問題が収まったら、「新郎新婦は落ち着いていましたね。さすが大物です」と、後で締めればまとまるものです。

新婦の体調不良による中座

　新婦は、直前までの準備の疲れや緊張感などで、体調を崩しがちです。妊娠中の方も珍しくありません。介添えに伝えて、中座してもらいます。

　司会者は「新婦令子さんですが、先ほどの挙式、そしてご披露宴と大変お疲れでございまして、申し訳ございませんが別室にて休ませていただいています。新婦の中座中は新郎が新婦の分までお相手しますので、よろしくお願いいたします」と、場を繋げます。

飛び入り余興の頼み方

　余興が早く終わったり、料理が遅れたりした時には、余興の飛び入りが必要になります。突然のご指名でも受けてくれる人を、どうやって見つけましょうか。

　一番確実なのは、両家の親御様や新郎新婦に相談することです。「お時間がまだありまして、どなたかにお歌でもお願いしたいのですが、新郎側で誰かいらっしゃいませんか？」とお願いすれば、笑顔で誰かを指名してくださいます。

　後はその人に歌本を持っていき、「お時間がございまして、お父様からぜひとご指名なのですが…」とお願いします。

　辞退されるようならば、「では誰かお薦めいただける方はいらっしゃいませんか？」と、お願いしてみましょう。お酒が入っていることもあり、意外とすぐに紹介していただけるものです。

飛び入りの断り方

　「カラオケを歌いませんか」と問いかけても、最初から手を挙げる方は少ないのですが、誰かが歌うと遠慮も薄まるようです。

　そして時間が無くなる頃になって、「もう一曲くらい…」という方がいるものです。

　対処法としては、「せっかくですがお時間がどうにも…。もう少し早くおっしゃっていただければお時間が取れたのですが…」と、痛いところを突くしかありません。

　この言い方は、案外効果的なのです。

トラブル対応の事例紹介

私が携わってきた披露宴でのトラブルと対処法です。

ベールアップ

まだお母様によるベールダウンセレモニーがない頃のこと、ベールを下ろさずに（アップしたまま）花嫁を入場させるミスは少なくありませんでした。人前結婚式の場合ですが、そんな時私は、新婦父から新郎へエスコートチェンジするタイミングで、それこそサプライズになりますが、お母様にお願いして、ベールダウンをしてもらったことがあります。

汚れ役

新郎が披露宴中に泥酔し、メインテーブル席で寝て、失禁してしまいました。キャプテンや介添えは、何とかして新郎を衣裳室へ連れて行かなければならないと、考えます。

しかし、おしっこを漏らした状態の衣裳で歩かせることはできません。新婦了承の下、私は汚れ役になりました。トレーに飲み物を載せ、新郎席へ行き、コップを倒して新郎へ飲み物をかけました。そして、それを着替えるために新郎を堂々と、中座させました。

会場からは、司会者へブーイングの嵐でした。ですが新郎新婦、ご両家からは、お開き後に感謝の言葉をいただきました。

会場スタッフがおかしなことをすると、会場の評判が落ちます。司会者が汚れ役になることで、結果的に会場は救われるということもあるのです。

脳震盪
のうしんとう

酔いつぶれた列席者が、椅子ごと大きな音をたてて後ろに倒れてしまいました。スタッフがその対応をしている間、私は他のテーブルの列席者に動揺を与えないようにしようと、考えました。

そこで新郎新婦の席に行き、インタビューをし始めました。列席者の目と耳を、新郎新婦や私の方に向けさせるためです。

倒れた方は頭を打って脳震盪を起こし、救急車を呼ぶ騒ぎにまでなったのですが、私は進行を止めてはいけないと、判断したのです。

この対応ですが、実は天皇陛下に学んだものでした。

当時皇太子だった今上天皇が御成婚の時、東京の青山通りをオープンカーでパレードをなさいました。私はテレビ中継を見ながらお祝いしました。中継中に突然、陛下の車の後方で、沿道の男が大声を上げ車道に飛び出し、警察官に取り押さえられました。

その瞬間、皇后雅子様は一瞬振り返りました。テレビ実況のアナウンサーも、慌てました。しかし、天皇陛下は振り返らずそのまま沿道へ手を振り続けました。

あの時、陛下は後ろで何が起きていたのか、把握なさっていたと思います。そして沿道の人々、テレビを通して全国、世界の人々へ動揺を与えないようにと、手を振り続けたのだと思います。私は陛下の適切な動きを見て、鳥肌が立ったほどです。

しかし、テレビの実況アナウンサーは、取り押さえられた男の状況を話し始めました。せっかくの陛下のお気持ちが台無しでした。

箸袋

　料亭から会席料理をケータリングした宴席がありました。

　披露宴の始まる5分前に、偶然、私は列席者の席の割り箸を手にしました。その箸袋を裏返してみると、そこには「ご法要にもご利用ください」と、印刷されていました。

　即、担当のプランナーに報告し、スタッフ全員で急いで箸袋を外しました。裸箸になってしまいましたが、間に合いました。

　トラブル対応としては大成功です。

親御様への花束クロス贈呈とストレート贈呈

　親御様への花束贈呈のシーンです。新郎新婦のご希望は「自分の親に渡したい」という、いわゆるストレート贈呈でした。

　キャプテンはそれに従って新郎新婦を案内し、お二人はそれぞれ自分の親の前に到着しました。しかしそこでなんと、新婦父が一言、花嫁に、「渡すのが、逆だぞ」と、発しました。

　新郎新婦は慌てて位置を替え、相手方の親に渡すというハプニングが起きてしまいました。列席者からは笑いが起き、会場側の不手際に見えてしまいました。

　そこで私は、新郎新婦退場後、送賓までの間に列席者に解説しました。「本来『これからよろしくお願いします』と相手方の親御様へ渡すのが結婚式の慣習ですが、この度は新郎新婦からご自分の両親へ『ありがとう』を贈りたいと要望されました。しかしお父様は、本来のスタイルを想定なさっていたようですね。まあ、新夫婦から親御様へのありがとうは充分伝わった様子ですので、それはそれで良しと、いたしましょうね」

ただのハプニングだった、という風にまとめました。会場側のミスではないということはアピールしてもいいか、と思ったのです。

スナップ撮影

カメラマンがスナップ写真撮影で、すべてパノラマモードで撮影してしまったことがありました。縦横比が本来2：3であるところ、1：2.8となってしまいました。

その話を聞き、「諦めずに、400枚修正するのならできるでしょ」と余計なアドバイスをしてしまいました。そのカメラマンは徹夜して、撮影画像をパソコンで2：3に修正したそうです。

結果は、うまく収まったそうです。

納入業者のトラック

ゲストハウス会場でのこと、窓の外は駐車場でした。披露宴中に、納入業者の酒販店のトラックが窓の外に止まり、荷下ろしを始めました。

私が最初に気がついたと思います。即、外へ出て、車を移動させるようにお願いしました。

窓のある会場というのは、外の風景も演出の一つなのです。

そこに○○酒店のトラックが駐車し列席者の視界を阻害したら、非日常な時間は台無しです。

列席者から指摘を受ける前に対応することが大切です。

結婚式場としても、納入業者には駐車する場所は指定しておくべきでしょう。

トラブルのイメージトレーニング

　以下は、どうにも対処できないというか、ひたすら謝罪するしかないトラブル事例で、残念ながらそれぞれの対処方法に模範解答は存在しません。

　しかしながら、これを読んでいただくことで同じ失敗を防ぐことはできると思います。

　自分の周りの会場で起きているトラブルの事例をなるべくたくさん収集して、いざという時のために対処法をイメージトレーニングしておきましょう。

　ぜひ、お役立てください。

結婚式場側が起こした、あってはならないトラブル

・新婦から新郎へのサプライズを予定していたが、最終打ち合わせ時にプランナーが口にしてしまい、新郎にばれてしまった

・新郎新婦がハイヤーで移動する際に、車がバックしたことで、親御様からのクレームとなった

・挙式のみの新郎新婦に対して、当日、衣裳室、カメラマン、挙式場などあらゆるところから、「お客様は挙式のみですね」と何度も確認をしてしまった

・カラーコーディネートを売りにしている会場で、当日になって、テーブルクロスが新郎新婦のオーダーと違う色でコーディネートされていた

・花嫁の花の髪飾りが、外れて床に落ちた

・音響システムの故障で、音が出なくなった
・映像を、指定されたシーン以外で流してしまった
・別披露宴の新郎新婦の映像が流れてしまった
・土鍋で炊いた鯛ご飯を列席者の前で取り分けようと、土鍋の蓋を開けると鯛が蓋に貼りついていた。鯛は蓋から剥がれて、床に落ちた
・お開き後、スタッフが新郎新婦の悪口を口にしていた。その後ろで当人二人が聞いていた

新郎新婦や列席者が起こしたトラブル
・新郎の紋付の染め抜き紋がシールで、剥がれ落ちた
　（新郎がパソコンで作成して持ち込んだ物だった）
・人前式で新郎新婦が乾杯をするセレモニーで、花嫁がウェディングドレスに赤ワインをこぼしてしまった
・披露宴中子供が走り回り、サービススタッフにぶつかり、料理を床にこぼしてしまった
・新郎新婦が小さい子供にプレゼントをあげたところ、それがパトカーのおもちゃで、披露宴中に子供はサイレンボタンを押し続けていた
・親御様への花束贈呈時、新婦のお父様が号泣して、進行できなくなった
・謝辞で、新郎が号泣し、進行が止まってしまった

第5章 ● トラブル

列席者から司会者に寄せられる苦情事例

（トラブルというより、わがまま、苦情）

・言葉遣いに関するご指摘、乱暴な言葉があった

・ケーキの入刀時に、座っている席から入刀シーンが見えない

・余興の演者が、人の影になって見えない

・映像の字幕スーパーが、小さくて読めない（新郎新婦の自作映像なのだが）

・会場がうるさい、ゆっくり食事ができない

・飲み物を頼んだのに、いつまでも来ない

・肉料理は、肉の焼き方の指定がなぜできないのか

・スマートフォンの充電器は、用意していないのか

会場に行けなくなったら

　結婚式場に向かう途中で、電車事故など想定外のことも起きます。

　先ずは、所属事務所に電話して、状況をすべて話します。

　事務所としてはサポート体制を敷いていますので、状況に応じて適切な対応を指示してくれるでしょう。

　何よりも、会場に行けなくなるかもしれないと思った時点で、早めに伝えることが重要です。

第6章　正しい日本語と言葉遣い

日本語の特性

　日本語の特徴として、語彙が多いこと、敬語があること、一つの物事の表現方法が複数あること、などが挙げられます。

　日本語は相手を思いやる「思いやり言語」でもあります。海外からは「Noと言えない日本人」などと言われてしまいますが、奥ゆかしさの美学と捉えたいものです。

語彙

　日本語は語彙が多いと言われています。それは、一つの物事を言うにも複数の言い方があるからです。一人称にしても、私、僕、わし、おいら、俺様…、いくらでも出てきそうです。

　自分の語彙を増やすことは大切です。なぜならば人間は物事を考える時に、頭の中で単語を並べて思考するからです。語彙が多いと、深くて豊かな思考に繋がります。

　一つの事柄をいろいろに表現できるということは、いろいろな視点を持ちながら思考できるということです。語彙力を身に付けることで、人間性も豊かになるのです。

　語彙が豊富という意味合いは、難しい言葉や今時の言葉で話すということではありません。その場その場で適切な言葉表現ができるかどうかということです。

　言葉を選んで話すことを考えれば、語彙を増やすことがいかに必要なことか、分かっていただけると思います。

第6章 ● 正しい日本語と言葉遣い

語彙を増やす

　語彙を増やす方法として、一般的には「本を読む」「新聞を読む」「活字に触れる」と言われていますが、それを鵜呑みにしない方がいいと思います。

　言葉には「書き言葉」と「話し言葉」というものがあります。

　文字で伝える体系と、言葉で伝える体系は、当然違います。本を読むのは書き言葉のトレーニングであり、司会者に必要なのは話し言葉の充実です。

　言葉を「目と耳で覚えるトレーニング」が必要なのです。

敬語

　私たち司会者は日本語のプロであり、敬語についても当然マスターしておく必要があります。

　敬語には相手に対する気持ちがはっきりと表れます。話をする時には、話の相手や話の中に登場する人や、このような人達と自分との関係を正しく判断しなければなりません。

　しかしこの判断さえきちんとつけば、それほど難しくありません。

尊敬語

　尊敬語は、相手に尊敬を表す表現で、相手の動作や行動に対して使います。

　①「れる」「られる」パターン

　動詞に「れる」「られる」をつける一般的なもの。

　・話されました。

127

・読まれましたか？

②「お〜なる」パターン

　・お話になります

　・お読みになりましたか？

「お〜なる」は「れる」「られる」よりも、丁寧度が高くなります。

　・太郎さんが貴重な体験を話されます。

　・太郎さんが貴重な体験をお話しになります。（より丁寧である）

「れる」「られる」は混乱、誤解を招く場合もあります。

　・現場を見られたのですか？

　　→現場を自分でご覧になったのですか？

　　→現場を他の人に目撃されてしまったのですか？

③特別な言葉を使うパターン

　動詞をそれ特有の言葉に置き換える言い方。

　・見る　→　ご覧になる

　・言う　→　おっしゃる

　・いる　→　いらっしゃる

　・食べる　→　召し上がる

　上記は①→②→③の順で丁寧度が高くなります。

　・言う　→　言われる　→　お話になる　→　おっしゃる

　・食べる　→　食べられる　→　お食べになる　→　召し上がる

　・行く　→　行かれる　→　お行きになる　→　いらっしゃる

　・来る　→　来られる　→　お越しになる　→　いらっしゃる

　・いる　→　居られる　→　おられる　→　いらっしゃる

　行く、来る、いるの最上級はともに「いらっしゃる」です。

謙譲語

　謙譲語は自分や自分側の人の動作や状態、それに持ち物をへりく
だって言うことによって相手を持ち上げ、敬意を示す表現です。

①特別な言葉を使うパターン

　「いただく」「あげる」「差し上げる」を使う表現です。

　　・拝見します　・申し上げます　・存じております

②「お〜する」パターン

　お（ご）＋いただく、いたす、いただきます、の謙譲表現です。

　　・お酒をお持ちします　・ご説明を申し上げます

　　・お電話を差し上げます

③個人、物をへりくだるパターン

　小生、弊社、小役、粗品などの表現です。

いただきます、くださいます

　「いただく」と「くださる」の原形は「もらう」と「くれる」であり、
いただくは謙譲語で、くださるは丁寧語です。

　謙譲と尊敬という観点で考えると、利用するシーンによって使い
分けるのがスマートでしょう。

　　○：お時間くださいますか

　　◎：お時間いただけますか

　　○：お越しくださいましてありがとうございます

　　◎：お越しいただきましてありがとうございます

丁寧語

　文末に「です」「ございます」を付ける言い方と、名詞の接頭語として「お」「ご」を付ける2パターンがあります。

　丁寧語は尊敬語や謙譲語のように、相手に対して敬意を示す効果はありません。しかし、これを使うことによってその人の品格がアップします。

　「お」と「ご」の違いは、例外はあるものの、一般に、その後の言葉が音読みなのか訓読みなのかによります。

　音読み：ご両親、ご入場、ご起立、ご発声

　訓読み：お父様、お父上、お花、お箸、お酒、お席

　音読み訓読みというところから、外来語に「お」「ご」は不要で、おコーヒー、おビールは行き過ぎです。

二重敬語はNG

　一つのフレーズに敬語が2つ出てくるのは、文法上間違いとなります。これが出てしまうのも、日頃乱暴な言葉を使っている証拠と言えます。この手の常識にあたることは、間違っていてもその場で誰も指摘してくれないものです。

　×：召し上がられましたか？　○：召し上がりましたか？

　×：頂戴させていただきます　○：頂戴します

　×：拝見させていただきます　○：拝見します

その他ＮＧ敬語表現

　尊敬語、丁寧語、謙譲語は、何人称に付けるべきものかはっきり把握することが大切です。

　よく間違った使い方で、謙譲語を相手に対して使ってしまう場合があり、相手には大変失礼になります。

　×：この資料を拝見されましたか？

　　（相手に対して謙譲表現をしている）

　○：この資料をご覧になりましたか？

　×：駐車券は向こうで、係りの者からいただいてください。

　　（係りの者は身内、身内に敬語は用いない）

　○：駐車券は向こうで、係りの者からお受け取りください。

　×：必要な場合は私に、どうぞお申し出ください。

　　（申し出るは謙譲表現。相手に対して用いない）

　○：必要な場合は私に、どうぞお申し付けください。

　×：お食事はもういただきましたか？

　　（いただくは謙譲表現。相手に対して用いない）

　○：お食事はもう召し上がりましたか？

　×：分からないことは、担当の者に伺ってください。

　　（伺うは謙譲表現。相手に対して用いない）

　○：ご不明なことなどありましたら、担当の者にお尋ねください。

恋塚流トレーニング

言葉は真似て覚えるもの

「学ぶ」の語源は「真似ぶ」であり、真似て覚えるという意味だそうです。

人間は生まれて、１歳を過ぎる頃に脳が急激に発達するそうです。そして周りの音を聞き、自分の体に染みつかせ、そして口の動かし方などを覚えていくと言います。

英語圏であれば、この１歳の時に親が話すRとLの発音の違いを区別して習得してしまうと言われています。日本人が大人になってから勉強しても簡単にRとLが使い分けられないのは、そんな理由もあるかもしれません（言い訳になってしまうかもしれませんが…）。

私は、毎週のように結婚式場で新郎新婦とその親御様とお会いしますが、親がきれいな日本語を話していれば大体その子供（新郎新婦）もきちんとした受け答えをしています。子供は親の話す言葉を知らず知らずのうちに自然に習得してしまっているということでしょう。

逆に、親が乱暴な言葉ばかり話していると、子供はそれを違和感なくすべて覚えてしまいます。乱暴な言葉ばかり使う親が、我が子に「きちんと上品に話しなさい」などと言っても、そうなるはずがありません。

友人が格好いいフレーズを話していたので真似てみよう、テレビで見たアナウンサーのフレーズがとてもきれいだったので、それいただき！などと考えて真似ていると、どんな場面にはどんな表現がマッチするのかが、自然に身に付くようになります。

たくさんの言葉を習得するためには、小説や新聞など書物を読むことも確かに必要ではありますが、司会者としてトークを磨くのであれば、人が話しているのを聞いて真似る方が、近道です。

先ずは、そのお手本となる人を見つけましょう。

恋塚流の「言葉を充実（ボキャブラリーを増やす）させてトークの質を向上させる策」を紹介します。

・テレビニュースはNHKを観る・聴く　→正しい日本語を習得

・落語、講談を観る・聴く　→感情の込め方、間の取り方を習得

・池上彰さんの番組を観る・聴く　→分かりやすく話す

NHKニュースを観る・聴く

正しい日本語で、適切な言葉表現をしている番組が、NHKニュースです。聞き流す程度でも構いませんので観ることを習慣づけましょう。きれいな日本語が自分の周りを飛び交っている、という環境が重要です。

標準語と共通語

明治時代の政府は国策として、各地の異なる言葉遣いを統一し、標準的な言葉体系として「標準語」を定義しました。しかしこれは全国標準というだけで、分かりづらい言葉もありました。

やがて、NHKが日本全国共通で使うために「分かりやすい表現を用い、正しい言葉の普及に努める」をポリシーとして定義し、その言葉の体系を「共通語」と名付けました。分かりやすく伝えるのがポリシーであるからこそ、内容がイメージできるように、そして

抽象的にならないように言葉表現が定義されています。

　この共通語が、現時点における正しい日本語（文法、発音、アクセント）なのです。

　　　共通語と放送用語

　NHKは放送媒体であるからこそ、放送に適さない用語（差別、卑劣、品格を欠くもの等）を、放送禁止用語として除外しています。このポリシーででき上がった言葉体系が「放送用語」です。

　NHKニュースで語られている言葉は正しいのですが、番組を見るコツというものもあります。

　例えば、私たちブライダル司会者は、列席者のことを「お客様」と言葉で表現しますが、NHKニュースでは、敬称を省き「客」と言う表現をします。

　NHKは公共放送のため、特定の企業・商品名などの宣伝をしないことをルールにしていて、回りくどい表現になることもあります。

　・ショッピングモール　→　大型商業施設

　・ユニバーサルスタジオ　→　大型遊園地

　・ファミコン　→　家庭用ゲーム機

　・セロテープ　→　セロハンテープ

　・マクドナルド　→　ファストフード店

　・カップヌードル　→　カップ入りラーメン

　・ヤクルト　→　乳酸菌飲料

　・シーチキン　→　マグロの油漬け缶詰

第6章 ● 正しい日本語と言葉遣い

NHKニュースの観方、楽しみ方

　それでは、NHKニュースではどんな言葉体系になっているのか紹介しましょう。これらを使いこなせれば、品のあるトークができるようになるはずです。

　・マラソン中の人が　→　マラソンをしている人が

　・被災者　→　被災した人

　・老人　→　高齢者

　・異例の取り組み　→　あまり例のない取り組み

　・今日はいい経験をした　→　今日はいい体験をした

　・夏本番　→　夏本来

　・終戦記念日　→　終戦の日

　「明日」は、ドラマでは「あした」を使いますが、ニュースや天気予報では簡潔な「あす」を使うなどもあります。

　また、聞き手が話した内容をイメージできるように、イメージできない言葉も避けています。

　・課題が山積（さんせき）　→　課題は山積み（やまずみ）

　NHKニュースでは、これらの言葉の使い分けが正しく成されているのを実感できます。まさにこの番組の醍醐味です。

　　　　日本は「にほん」か「にっぽん」か？

　「にっぽん」は、国としての称号、または海外に対して日本のこ

135

とを言う場合に使います。

　そして国内での用法には「にほん」を使います。

　・先進国首脳会議で総理が「にっぽん」の意見を表明しました。
　・にっぽん！チャ！チャ！チャ！（オリンピックの応援で）
　・にほん全国から選手がここ東京に集まりました。
　・にほん経済の行方は〜

　　数字の読み方（2019年）
　2019年の読み方は「にせんじゅうきゅうねん」「にせんじゅうく
ねん」の、どちらでしょう。
　NHK放送文化研究所が発行している「ことばのハンドブック」
によると「9」の後ろに年がくる場合、原則として「く」の発音を
基準とし、場合により「きゅう」の発音をしてもよいとあります。

　ということで、どちらを使っても間違いではありませんが、聞き
間違いが起こらない表現の方を優先するという鉄則もあります。

　ブライダル司会者としては、縁起を担いで「く＝苦」は使わずに、
「きゅう」を使います。
　ちょっとしたこだわりです。

時代に合わせての適切な言葉選び

古いフレーズは排除し、時代に合わせた言葉遣いをすることが、求められます。

だからといって、新しい言葉をどんどん使えばいいわけではありません。分かりやすく伝えるためには「程度」というものがあるからです。

ですから、新し過ぎて一般化していない言葉には補足が必要です。

２年前のこと、NHKニュースで、アナウンサーがこのような原稿を読んでいました。

「小型無人機、ドローンを使っての試みで、操作はスマホのアプリを用います」

ここから分かることは、この当時
・ドローンは、まだ一般的な言葉ではなかった
・スマホアプリは略語であっても補足なしで理解可能な一般用語
と、いうことです。

そして2019年、NHKニュースでは、ドローンは補足なしで、「ドローン」と表現されています。

こういうことを意識して、NHKニュースを観ることで、言葉のトレンドを読み取ることもできます。

落語・講談

　古典芸能の中で、観覧しているお客様の反応を見ながら進めていくものが2つあります。落語と講談です。

　寄席で、落語家や講談師は最初に枕と言って、季節の話題やその土地の話題など軽いトークで会場の空気作りをします。

　そして観客が落語や講談を楽しむ準備ができたところで、初めてお題目を始めます。

　落語家、講談師は物語を分かりやすく楽しく語ることを生業としているのです。

　落語家や講談師は、長い修行の末に寄席に出ますので、間違った言葉遣いはありません（江戸っ子言葉や関西弁は別ですが…）。

　そして、一つの単語でもどのように抑揚をつければ想いが伝わるのか、どんな風に溜めて発すればいいのかなど、言葉の一つ一つに丁寧に気持ちを込めて話します。

　そんな表現を何度も耳にしていれば、自然と感情を込めたしゃべりが身に付いてくるというものです。

　寄席に通うのが一番勉強になるのですが、テレビ放送を観るだけでも充分です。

　自然と効果が上がってくるというものです。

池上彰さんの番組を観よう

　話が分かりやすいことでお馴染みの、池上彰さんのトークを身に付けることを目指しましょう。

　池上さんの解説番組を観て、耳に慣らすのです。

　なぜ、池上さんのトークは分かりやすいのでしょうか。

　人間には、物事を説明するのに３タイプあると言われています。

①難しいことを、そのまま難しく説明する

　　→　自己中心、相手が見えていない

②簡単なことでも、難しく説明する

　　→　学者、評論家、上から目線タイプ

③難しいことを分かりやすく説明する

　　→　池上解説スタイル

　今のあなたはどのタイプでしょうか。

　そして、どのタイプになりたいでしょうか。

　ぜひブライダルの司会の世界で、池上彰さんになってください。

忌み言葉

　婚礼にふさわしくない言葉を「忌み言葉」と言いますが、婚礼以外にも忌みになる言葉があります。

　婚礼司会者として「そういうのがあるのは知ってますよ」と、言えるようになっておきましょう。

【婚礼】

別れる、終わる、帰る、二度、切る、度々、重ねる、出る、
割れる、重ね重ね、戻る、返す、去る、しばしば、繰り返す、
流れる、離れる、冷める、壊れる、破れる、等々

【葬祭】

追って、今一度、返す返す、九・四（苦・死）、益々、
再び、再三、つくづく、さらに、去る、重ね重ね、
つくづく、滅びる、また、近々、等々

【年賀状】

暗い、失う、枯れる、衰える、去る、滅びる、倒れる、
破れる、等々

【出産】

失う、枯れる、落ちる、苦しむ、消える、九・四（苦・死）、
流れる、短い、破れる、弱い、等々

【退院】

弱い、再び、根付く、寝付く、再三、またまた、重なる、
枯れる、衰える、落ちる、追う、折る、消える、尽きる、
続く、長い、終わる、移る、等々

【新築・開店】

燃える、火、焼ける、失う、壊れる、飛ぶ、落ちる、赤、
衰える、傾く、枯れる、崩れる、朽ちる、煙、さびれる、
倒れる、つぶれ、閉じる、流れる、等々

【入学・就職】

滑る、落ちる、負ける、くじける、変わる、消える、倒れる、
飛ばされる、流れる、散る、つぶれる、等々

第6章 ● 正しい日本語と言葉遣い

小学生言葉

　小学生が話すレベルの言葉です。

　具体的には、文法上間違っている言葉表現を指します。

　小学校の国語の授業では、言葉に親しみ、文章の構成として、段落や主語と述語までは学びますが、文章の構成要素としての品詞や文法に至っては、中学校で勉強していきます。

　ですから、小学生がたどたどしく間違った言葉遣いをして話している分には、実に可愛いのです。

　しかしながら、日本に住んでいて、しっかり日本語を学んできたであろう大人がそれをすると、品位に欠ける姿になるわけです。

　そして、プロの司会者が決して口にしてはならない言葉があります。それは「日本語は難しい」です。これを言ってしまっては文法を習っていない小学生と同じです。

　難しいと感じたとしても、「日本語は難しい」ではなく、「日本語は複雑だ」と言い換えの技術を備えてこそ、プロの司会者なのです。

　以下、小学生言葉に該当する言葉遣いについて解説します。

　・ら抜き言葉

　・さ入れ言葉

　・れ足す言葉

　・を入れ言葉

　　ら抜き言葉

　聞いていて我慢できない、困った言葉遣いが「ら抜き言葉」です。

　動詞に付ける「れる」「られる」ですが、使い分けができていない人は、中学校で習う動詞の活用ができていない人です。

141

どんな場合に、「れる」または「られる」なのか解説しましょう。

先ず硬い話からですが、「れる」「られる」の品詞は、可能動詞と言います。

また、動詞の活用の種類としては

①五段活用

②上一段活用

③下一段活用

④カ行変格活用（「来る」のみ）

⑤サ行変格活用（「する」のみ）

の５種類があります。

可能動詞で「れる」が適用されるのは①のみで、それ以外は「られる」になります。

ですから、今話そうとしている動詞が①〜⑤のどれに該当するのかということです。

これは動詞を未然形（意味合いとしては否定形、〜ない）にすることで、判断ができます。

・「走る」の未然形は「走らない」

・「見る」の未然形は「見ない」

・「太る」の未然形は「太らない」

・「痩せる」の未然形は「痩せない」

・「食べる」の未然形は「食べない」

・「着る」の未然形は「着ない」

・「切る」の未然形は「切らない」

第6章 ● 正しい日本語と言葉遣い

・「喋る」の未然形は「喋らない」

・「追いかける」の未然形は「追いかけない」、等々

そして、この未然形の「ない」の1つ前の文字に注目します。

その文字が、あ段（あかさたな…）の文字であれば、その動詞は五段活用の動詞です。

例で言うと、五段活用動詞は「走る、太る、切る、喋る」です。それぞれ可能動詞は「れる」が適用されて、走れる、太れる、切れる、喋れる、となります。

それ以外は「られる」が適用されて、見られる、痩せられる、食べられる、着られる、追いかけられる、となります。

可能動詞（れる、られる）の例

動詞名称	未然形	「ない」の前の文字	可能動詞
走る	走らない	ら⇒あ段	走れる
見る	見ない	見(み)⇒い段	見られる
太る	太らない	ら⇒あ段	太れる
痩せる	痩せない	せ⇒え段	痩せられる
食べる	食べない	べ⇒え段	食べられる
着る	着ない	着(き)⇒い段	着られる
切る	切らない	ら⇒あ段	切れる
喋る	喋らない	ら⇒あ段	喋れる
追いかける	追いかけない	け⇒え段	追いかけられる

※　未然形の「ない」の前の文字が、あ段の場合のみ、可能動詞は、「○○れる」

言葉は時代時代で変化していくものとは言いますが、品詞の用法（文法）が変わるとなると、そう簡単な話ではなくなります。

国語辞書上で「食べられる」が「食べれる」になるまでには、少なくとも50年以上（令和50年以降）はかかるでしょう。

それまでは「×見れる」「×食べれる」は、乱れた日本語であり、小学生言葉なのです。

さ入れ言葉

相手に許可を得たい場合に使う丁寧表現ですが、乱用すると耳障りで、過剰になった時に出るのが、不要な「さ」が入った表現です。

例）×：読まさせていただきます　　○：読ませていだだきます

　　×：書かさせていただきます　　○：書かせていただきます

　　○：お話させていただきます

これを乱用されると違和感を感じます。理由は「別にこっちが頼んでいるわけじゃないですけど」と言いたくなるからです。

れ足す言葉

五段活用以外の動詞に、可能動詞に不要な「れ」が入る表現です。

例）×：楽しめれる

　　×：書けれる

　　×：愛せれる

　　×：飲めれる

　　×：食べれれる（こんな表現はかなりの重症です）

第6章 ● 正しい日本語と言葉遣い

を入れ言葉

サ行変格活用の、名詞＋「する」の活用において、不要な「を」を入れて、名詞＋「を」＋「する」とした表現です。

名詞＋「を」＋「する」で表現するパターンもありますが、そのパターン以外の時に「を」が入ることで、不適切（意味不明）な表現となります。

例）巫女は舞いをしました

　　　→　「舞い」という意味ある行為を神様に奉納しました

　　巫女は舞いました

　　　→　巫女は舞った（踊った）のです

例）○：乾杯をいたします

　　　○：お言葉をいただきます

　　　×：お待たせをいたしました　　○：お待たせいたしました

訛り言葉、俗語

俗語は、本来の正しい言葉表現に対しての非公式語です。

公の場で使うと聞いている人は抵抗を感じます。

なまり言葉が生まれる経緯の大半は、言いやすいように自然変形した結果で、各地の方言もその一つに位置づけられます。

結婚式など公の場面では使えない言葉であり、注意が必要です。

　　○：いろいろな　　×：いろんな

　　○：さびしい　　×：さみしい

　　○：歩いていく　　×：歩いてく

　　○：このような　　×：こんな

促音化

　促音とは、詰まる音を意味し、文字にした時の小文字の「っ」が該当します。言葉の促音化とは、言いやすいように変形させて話す言葉を意味します。

　俗語の一つでもあるので、結婚式など公の場では使えません。

　○：やはり　　　×：やっぱり
　○：あたたかい　　　×：あったかい

　例）披露宴会場にスープが運ばれて来た時に、
　○：どうぞあたたかいうちにお召し上がりくださいませ
　×：どうぞあったかいうちにお召し上がりくださいませ

直音化

　読み方（発音）として、音節を1文字で表現するものを指します。例えば、シュ→シ、ジュ→ジ　などです。
　新宿：しんじゅく→しんじく　　　技術：ぎじゅつ→ぎじつ

　例えば、「手術」。これはどう発音するでしょう。
　「しじつ？」「しじゅつ？」「しゅじつ？」「しゅじゅつ？」
　放送用語としてはどれも認められています。

　ニュース・報道などにおいては、正確性が問われる言動の場合、聞き間違いが起こらない表現の方を、優先するという考え方です。
　このことに気をつけながらNHKニュースを観てみましょう。

第6章 ● 正しい日本語と言葉遣い

気になる言葉

適切に言葉を選んで話すための参考にしてください。

ご新郎ご新婦ご入場です、新郎新婦のご入場です

後者がいいと思います。敬語のルールとして、ワンフレーズの中に出てくる敬語は一か所でよく、しかも最後の部分に敬語が表現されていれば充分なのです。

「ご新郎、ご新婦、ご入場です」では、しつこさに加えて、暑苦しさまで感じます。「新郎新婦のご入場です」で完璧でしょう。

おめでとうございます、おめでとうございました

お開き後、司会者から新郎新婦へご挨拶をする時に、「本日はおめでとうございました」なのか「本日はおめでとうございます」なのかですが、日本語として過去形よりも現在形の方が強く伝わるという特性があります。

例えば、美味しかったお店を表現する時に
・あのお店の料理は美味しかった！
・あのお店の料理は美味しい！
後者の方が力強く伝わります。

結婚式で言うと、挙式日は終日、現在形を使っても問題はないでしょう。ぜひ、お開き1時間後でも2時間後でも、「本日はおめでとうございます！」と発してあげてください。

147

列席、参列

似て非なる言葉です。

参加する列席者を出席者という言葉で説明すると、「列席」は単に「出席する」という意味です。

一方、「参列」には「参る」という謙譲語が含まれています。

出席者は自らの意志で参上しました、という意味合いです。

結婚式の出席者は招待されて（呼ばれて）参加します。

一方、お葬式は、出席者は自らの意志で葬儀場へ参上します。

よって、結婚式では「ご列席の皆様」であり、お葬式では「ご参列の皆様」と、なります。

ちなみに結婚式では新郎新婦が招待した人しか出席しませんので、受付で芳名帳に名前だけ書いていただければ充分です。

一方、お葬式の受付名簿は、誰が来てくれたか後で分かるように住所まで記帳していただきます。

立会人、立合人

一般的にどちらも使われているように思いますが、結婚式の場合は「立会人」が、相当します。

国語辞書によると

立会人：その場に立会い、成り行きを見守る人

立合人：その場に居合わせる場合の人

例えば、相撲では土俵上で競技することを立合いと言う。

よって、挙式では、立合人ではなく、立会人となります。

第6章 ● 正しい日本語と言葉遣い

親御、姪御、甥御

親御、姪御、甥御など「御」が後ろにくる言葉があります。これは、人に御を付ける場合は後ろになる、というわけではありません。

「親御」の語源は親御前（おやごぜん）という言葉で、親の御前（おんまえ）にて、という親を敬った言葉です。

親に対しての敬語となりますので「親御様でございますか？」と、どんどん使いましょう。

他に、姉御という言葉もあります。俗語のように使われていますが、実は敬語なのです。

神職、神主、神官

神道の宗教施設で神事を司る人の正式な名称は、神職と言います。お寺であれば住職という言葉がありますので覚えやすいと思います。

神主は職業名であり、お勤めの人を会社員と言っているのと同じです。神官の「官」は官吏を意味し、元々は、国に属する人を言い、例えば自衛官、検察官、裁判官など公務員に値します。

明治時代には神官制度があったのですが、現在はなくなりましたので、神官という役職は現在存在しません。

お声をかける場合には、「神職さん」「神主さん」が、適切となるでしょう。

教会、チャペル、大聖堂

教会は公営の礼拝所の総称であり、誰でも自由に礼拝ができる場所です。チャペルは学校、病院などの団体または個人が所有する個人礼拝堂を意味します。ですから結婚式場施設内の挙式場は、チャ

ペルと呼ばれます。大聖堂はカトリックや聖公会で司教や主教が司式するための着席椅子が置かれ、ミサなどの典礼儀式が行われる建物を指します。バチカンにあるサン・ピエトロ寺院などが有名です。

ですから、日本の結婚式場に付帯する○○大聖堂という名称には「行き過ぎ」を感じます。

おいでくださいまして、お越しくださいまして

「おいで」は「来る」の尊敬語です。

「お越し」は、それこそ、山を越えてまでしてわざわざ、というねぎらいが込められた言葉です。

「お越しくださいまして」が、適切と言えます。

ちなみに京都の料亭では、一見さんは「おいでやす」、常連さんには「お越しやす」でお迎えするそうです。

厨房では、「お越しやす」が聞こえてくれば、「常連さんが来た」という合図にもなるのだそうです。

いらしてください、いらっしゃってください

よく使う敬語（尊敬語）ですが、どちらが正しいでしょうか？

正しいのは「いらっしゃってください」です。

「いらしてください」は「いらっしゃってください」が転じて、短くなった語です。

ちなみに動詞の原型（終始形）を見ると、

・いらっしゃって　→　いらっしゃる

・いらして　　　　→　？？？

150

「いらして」も、既に一般化されつつある言葉ですが、とはいえ私たち司会者は、本来の言葉（語）を使うよう心がけましょう。

お座りください、お掛けください、ご着席ください

「座る」の尊敬語は「掛ける」ですので、「お掛けください」が正しいです。

と、言いたいところですが、「掛ける」は、椅子の場合のみに用います。椅子のことを腰掛けとも言うことから、腰を掛ける（乗せる）という意味で「お掛けください」というわけです。

しかしながら、椅子も座布団も含めた範囲で考えると、一般的には、「お座りください」が多いようです。

例を挙げますと、「新幹線は座れた？」であって、「新幹線は掛けられた？」ではないわけです。

そして「ご着席ください」ですが、乾杯時に「お手元のグラスを手にご起立ください」に対してですので、「ご着席ください」とすれば間違いありません。

しかし乾杯と同時に披露式から披露宴（宴席）になりますので、雰囲気を明るくした言葉表現に代えることも重要です。

「お座りください」ではなく「どうぞ、お座りになってください」と柔らかく表現すれば、問題ないでしょう。

いたしますか、なさいますか

「お料理ですが、Aコース、Bコース、どちらにいたしますか？」

正しいように聞こえますが、「いたします」は謙譲語で、自分に

対して使う言葉です。

　ここでは、「Aコース、Bコース、どちらになさいますか？」が、正しい表現となります。

そうなんですか、そうなんですね

　そうなんですか、そうなんですね、いずれも文法上間違いではありませんが、言葉の意味が異なります。話す相手に失礼にならないようにしてください。それぞれの言葉を直訳しますと

　　・そうなんですか

　　　　→え？　それは全然知りませんでした。驚きです！

　　・そうなんですね

　　　　→それは全然知りませんでした。

　　　　　でもそれは私にとってはどうでもいいことです。

　日頃から言葉を大切にしている人が、「そうなんですね」と無関心な言葉表現を受けたとしたら、立腹するのは当たり前です。

習慣、慣習

　言葉は似ていますが、意味は異なります。

　習慣とは、日常で長く続けている決まり切ったことで、例えば、食べたら歯を磨く、毎日朝にジョギングする、などが例として挙げられます。一方、慣習は特定の業界や社会など決まった領域でのみ常識化されている事柄です。例えば、銀行業界では従業員を社員ではなく行員と呼びます。弁護士業界で弁護士に付ける敬称は先生です。

　ところで、本来ならば「新郎新婦」は「結婚仕立ての男女カップ

ル」を指す言葉です。よって挙式前は新郎新婦ではなく、婚約者和彦さん、令子さん、という呼び方が正しいのです。

しかしながら結婚式場では、結婚式準備期間でもご新郎様ご新婦様と呼んでいます。これは結婚式業界特有の慣習と言えます。

非日常的、非現実的

非日常的は、日常ではなかなか味わえないという意味です。

「非日常的空間での素敵な一日」などと表現します。

一方、非現実的の意味は、現実離れした、現実的ではない、非常識なという意味です。

最近ゲストハウスのホームページを見ていると、この「非現実的」という表現で、施設をアピールしているサイトが目につきます。

これは、明らかに言葉の用法を間違えています。「当会場で、非現実的な結婚式をしませんか」実に違和感があります。

お料理、お食事

「お料理」は作ることに重点を置いた言葉です。披露宴では、作る人より召し上がっていただく列席者の方を、敬うべきです。

自分の家にお客様がいらっしゃって、ご飯をお出しする場合、「簡単なものしかございませんが、お食事を召し上がっていってください」であって、「どうぞ私の作るお料理を召し上がっていってください」ではありません。

訪問先でお食事を出していただいた場合には、「奥様がお料理なさったのですか？」とは言いますが、「奥様がお食事をお作りになったのですか？」では、失礼になります。

もてなす側、もてなされる側の位置づけがはっきり把握できれば、使い分けは簡単です。

　　○：お食事中恐れ入りますが、新郎新婦中座いたします

　　×：お料理お召し上りのところ恐れ入りますが…

匂い、香り

　伝統的で美しい表現というと、芳しいなどもありますが、匂いと香りの使い分けとして、「匂い」は一般総称で、嗅覚で感じ取った感触を言います。「香り」は素材に対して、または香水の類の芳香剤に対して使います。食べ物の場合は、加工した物は「匂い」、素材は「香り」となります。

　　○：コンソメスープの匂い　×：コンソメスープの香り

　　×：山椒の匂い　○：山椒の香り

　混在すると、こういう表現になります。「この煮物はとても美味しそうな匂いがしますね。柚子の香りがまたいいですね」

　また、素敵な香りの香水を付けている人を褒める時は

　　×：令子さんはいい匂いがしますね

　　×：令子さんはいい香りがしますね

　　○：令子さんのつけている香水の香りは素敵ですね

ピジョンリリース、ダブリリース

　挙式後に白い鳩を飛ばす演出ですが、Pigeonは広い意味での「鳩」を言い、Doveは旧約聖書のノアの箱舟に登場する白い希望の鳥で

ある鳩を指します。欧米では、鳩飛ばしの演出をDove Releaseと言います。素敵な物語に起因する演出だと思います。

　一方、日本では、Pigeon Releaseと言っているようです。なぜDoveではなく、Pigeonなのでしょうか？　決してPigeon Releaseと言っている結婚式場の悪口を言っているわけではありません。外国の人から馬鹿にされないようにDove Releaseに改めてほしいのです。

本来の意味を把握しよう

入籍という言葉

　よく報道で、芸能人が「入籍いたしましたことをご報告させていただきます」と、二重三重の敬語でコメントしているのを耳にします。

　しかし言葉の定義として入籍＝結婚ではありません。辞書を引くと入籍は人の籍に入ることであり、養子に入る場合に使う言葉です。

　婚姻報告では「婚姻届けを提出しました」が、正しい表現です。

　お役所の手続きの観点で言うと婚姻届けが受理されると、新家庭ができることから、新郎新婦の二人の名前で新しい戸籍が作られることになります。

　これを頭の片隅に置いて芸能人の「入籍したことをご報告させていただきます」という報道を見ると、全く意味不明なのです。

お勤め

　「お勤め」という言葉は、お寺で行われているお経をあげる「お勤め」が由来です。

毎日決まった時間にお経をあげることから、毎日決まった時間に何かを行うことをお勤めと言うようになりました。

新郎の職業を紹介する場合は、会社員などの場合はお勤めであり、フリーのカメラマンなどはお勤めとはなりませんので、「フリーで、カメラマンのお仕事をなさっています」となります。

宴たけなわ

「宴」は文字通り宴会を指し、そして「たけなわ」には「今が最も盛んな時期」とか、最高潮という意味があります。

たけなわは「長けている」の変形です、と説明すると分かりやすいかもしれません。「盛り上がっているところ、すみません！　時間ですので締めますね」というような、ニュアンスです。

披露宴で司会者が、この「宴たけなわではございますが…」を言うかどうかですが、言葉としては正しいですが、プロらしくない一般的用語に聞こえます。「お楽しみのところ、恐れ入りますが…」など、話し言葉で繋いだ方が、自然かもしれません。

形になります

乾杯をする形となります、集合写真を撮っていただく形となります、お色直しに進んでいただく形になります、キャンドルサービスで入場する形となります、など、「形になります」オンパレードの人がいます。

聞いている方も嫌になります。

「形になります」は「パターンになります」という意味です。

そう考えると、お二人の当日は

・キャンドルサービスのパターンとなります

・挙式は神前式パターンです

・お料理は洋食パターンで召し上がっていただきます

・衣裳は白ドレスのパターンです

・謝辞ではお父様が話すパターンです

新郎新婦からすれば、型にはめられたみたいで、いやな気持ちになりますね。

となっております

こちらが挙式場となっております、飲み物はフリードリンクとなっております、など会話の中で聞くと、実に冷たく聞こえませんか。

実はこの「～となっております」という言葉は、事実を伝えているだけの表現です。事実は伝わりますが、相手に対する気持ちや思いやりが伝わらないため冷ややかに聞えてしまいます。

司会者トークでこれをするとこうなります。

・人前式中、写真撮影は可能となっております

・乾杯の後は、お色直しとなっております

・本日、お飲み物はフリードリンクとなっております

・親御様への贈呈品は、花束となっております

「～なっております」を別の言葉で置き換えるだけで、気持ちを乗せた柔らかい表現になります。

バタバタしておりまして…

「すみません、バタバタしておりまして、まだなんですよ」というように使う、単なる言いわけ言葉で、相手に対して口にしてはならない、いわゆる禁句です。

「○○で忙しいので…」と言われれば、相手はきっと他にすることがあって、お願いした件は後回しになっているのだろうか、と考えます。

しかし「バタバタしていまして…」と言われると、なぜ忙しいのか、サボっているのか、分かりません。また、お願いしたことに対応してくれない、という不満に変わってしまいます。

新郎新婦に限らず、スタッフ間でも言ってはいけない言葉です。

このバタバタの語源は、鳥が羽を力いっぱい、それこそバタバタさせる慌ただしい様子からきています。

「全然」の使い方

友人の司会ならまだしも、お金をもらって喋っているプロの司会者はこれをやってはいけません。

披露宴では使わないように気をつけているのでしょうが、新郎新婦との打ち合わせや日常会話などで頻繁に耳にします。

日頃の言葉の乱暴さが、ここに出てしまうのです。

「全然」の後ろには否定形が来るというのは常識です。

×：全然大丈夫です

○：全然問題ありません

×：全然間に合います

○：充分間に合います

×：全然飲めます

○：いくらでも飲めます

ダーズンローズ（Dozen Rozes）セレモニー

　Dozenは英語で言うと1ダースであり、12を意味します。感謝、誠実、幸福、信頼、希望、愛情、情熱、真実、尊敬、栄光、努力、永遠の想いを込めた12本のバラを、予め選ばれた12名の列席者に配ります。

　新郎は、一人で入場しながら、バラ12本を列席者から受け取り花束にします。その後入場してきた新婦へ贈り、新婦はプロポーズを受け入れた証として、その中から1本を手にし、新郎に贈ります。

　本書で大々的に記載することではない気もするのですが、最近ダーズンローズセレモニーと言いつつ、バラが10本だったり20本だったりということがよくあります。これは偽装になってしまいます。12本だからこそ Dozen なのです。

　12以外の本数であれば、それはブーケ・ブートニアのセレモニーという呼び方の方がいいでしょう。

結婚は人生の墓場である

　フランスの詩人シャルル・ボードレール（1821-1867）の言葉です。

　フランス革命後のフランス共和国では、自由社会となり言論も自

由なら男女の性の乱れも広まり、伝染病（性病）が流行しました。

　ボードレールは若者への戒めとして「ご先祖様に顔向けできないような浮かれた者共よ、墓場のある教会でしっかり身を清めて（懺悔し改心して）、そして結婚して立派に身を固めなさい」と、言ったそうです。しかし、伝言ゲームで広まりながらいつの間にか「結婚は人生の墓場である」に、なってしまったそうです。

　もちろん結婚が不幸だなんて、何の根拠もないことです。

第7章　海外のブライダル

日本と海外では、結婚や結婚式の内容がかなり違うようです。

　これからのブライダルを創造するためには、外に目を向けることも必要でしょう。そこで、日本と比較しながら、海外の結婚手続きや結婚式を紹介します。

婚姻の成立

日本：婚姻届を市役所等の役場へ提出。

　　　その役所が受理した日付が婚姻成立日（深夜でも昼でも受理日付は同じ）。

欧米：教会であれば聖職者など公証人が立ち会う。

　　　結婚式をしたという事実が重要。挙式内で婚姻届に新郎新婦、公証人（国認可の牧師等含む）が署名した物を役所に提出。

　日本の結婚手続きは、なぜ婚姻届１枚の提出で完結するのでしょうか。そこには日本のお国事情があります。戸籍制度です。

　戸籍は家族を基本集団として登録する公文書です。今この戸籍制度がある国は、日本と台湾だけです。

　日本は飛鳥時代から戸籍簿管理がなされてきました。島国の中央集権国家だからこそ可能だったのでしょうが、元々の目的は徴兵管理や租税台帳管理でした。

　戸籍がしっかり管理されている日本では、重婚などの犯罪は起きにくく、婚姻も婚姻届１枚で完結できるのです。

　ただブライダル業界にとっては困ったもので、結婚式の実施は任意です。

他の国はどうしているかというと、家族単位ではなく個人単位の管理で出生届や住民票がベースとなります。そして日本ほどしっかりとした管理がなされていません（滅茶苦茶と言ってもいいほどです）。

そこで行政としては、結婚という人生の重大イベント時にしっかりと確認し、管理しようという考えもあります。よって、挙式をすること、証人がいること、挙式で署名した書類を役所へ提出すること、という綿密な一連の流れが必要となるのです。

欧米の結婚式

手作り

欧米と日本の結婚式の大きな違いとして、欧米では、結婚式セレモニーに行政が細かく介入してくること、また結婚式の一日を列席者達が分担して手伝い、手作りの部分が多いことが挙げられます。

友人たちが「私は受付係をしてあげるわ！」「僕が写真係をしてあげるよ！」と、なるわけです。素人のお手伝いですから全体的に品質が落ちることもあるでしょうが、欧米ではそれはそれでいいようです。

一方、日本はというと、列席者は自ら新郎新婦のプライベートに立ち入らないことを、美徳としています。主賓の祝辞や乾杯の発声、余興などは、新郎新婦から依頼されて初めて引き受ける、という考えがあるため、運営は結婚式場に委ねます。ただし、披露宴の受付だけはご両家側で用意してもらいます。お金が絡むオペレーションのため、結婚式場側としては関わることを避けたいのです。

結婚式は土曜日に集中

　欧米では、結婚式は土曜日に集中します。それは教会で結婚式をする際に、日曜日に予約が入れられないからです。日曜日は教会の大切な行事である、日曜礼拝があるからです。日本人からすると、一般的には教会に足を運ぶなんて結婚式ぐらいと思ってしまいがちですが、ご存知の通り教会というのは結婚式をするために作られたものではない、と改めて感じます。

　日本であれば、土・日のいずれかで式場を探している新郎新婦が多いわけですが、欧米では土曜日の取り合いです。

　我々日本人が海外旅行をする時、土曜日に自由行動があれば、ぜひ教会回りをしてみてください。現地の結婚式に出合える可能性がとても高いです。私はヨーロッパに行くと、土曜日のお昼過ぎまでは市役所の前で、そして午後には決まって教会回りをします（本当は観光すればいいのですが…）。

欧米の披露宴には司会者はいない

　欧米では、お食事（ハーフコース）をして、その後は延々とダンスタイムが続きます。余興や演出イベントがないため、日本の披露宴のような司会者は必要ありません。

　しかしながら、進行係は存在します。ダンスタイムがメインのパーティですので、音楽を担当するＤＪと呼ばれる人が簡単な進行係をします。

　結婚式で日本にしか存在しないものは？　と問われたら、介添えとブライダル司会者が挙げられるでしょう。

欧米のダンスと日本の舞い

　欧米のパーティにはダンスが欠かせません。披露宴の後半は列席者みんなでダンスタイムを楽しみます。日本人にはなかなか理解できないことでもありますが、理解できない理由ははっきりしています。欧米と日本では、そもそもダンスに対する考え方が180度、違っています。

　欧米では、ダンスは人間の活力の象徴であり、自分たちが楽しむために踊るという考えがあります。

　一方、日本の踊り（舞い）は自分のためではなく、見せるためのものです。例えば、神様に奉納するための能や舞い、宴に華を添えるための日本舞踊などです。日本人は「生きている証として踊ろう」という風土で育っていませんから、披露宴で"ダンス"なんて言われると、困ってしまうわけです。

欧米のご祝儀事情とブライダルレジストリ

　欧米のご祝儀事情ですが、日本ほど厳密ではありません。お祝いは、気持ち程度で充分なのです。

　欧米の結婚式は、赤字結婚式が当たり前です。いや、赤字ではなく大赤字結婚式です。新郎新婦は、冠婚葬祭行事ですので、出費は仕方ないと割り切っています。

　ご祝儀として広く普及しているのが、ブライダルレジストリ（フランスではリスト・ドゥ・マリアージュ、イタリアではリスタ・ディ・ノッツェ）という、日本では見ない方法です。

　ブライダルレジストリとは、新郎新婦が予め、ほしい物リストを作成して、例えば、イギリスでは、デパートのブライダルサロンに

預けておきます。ほしい物とはどんな物かというと、新生活で使う物です。冷蔵庫、テレビ、掃除機、食器、コーヒーメーカー、鍋、カーテン、家具、ワイン、パスタ詰め合わせ、缶詰セットなど、様々です。

新郎新婦は、列席者へ「○○デパートのブライダルサロンに、私たちの名前でほしい物の一覧リストを置いておくから、お祝いをくれる人はこの中から私達にプレゼントしてね」と、案内します。

列席者はそのデパートに足を運び、一覧表から選んで新郎新婦のほしい物を注文、デパートにお金を払います。これが元々のブライダルレジストリのしくみです。

今では、デパートもインターネットを活用してこのビジネスを展開していますし、最近は Amazon などのネット通販会社も参入しています。

ブライダルレジストリの案内を受けた列席者は、我先にブライダルレジストリを眺めてお祝いを贈ります。価格の安い物から、どんどん注文がなされていくそうです。

ぜひアメリカを参考に

日本とアメリカの結婚式には共通点があります。

アメリカは移民の国であり、人種も宗教も様々です。このような環境では、新郎新婦それぞれの宗教宗派が一致するということはほとんどありません。ですから、結婚式をどのようにするか悩みどころなのです。

宗教に関係のない人前式をするというのも一つのアイデアですが、新郎新婦それぞれの考えをミックスしてオリジナルの形式で結婚式

をすることが多いようです。

　自由の国であるからこそ、100組のカップルがいれば100パターンの結婚式が生まれるのです。

　そして、日本の結婚式ですが、宗教へのこだわりはあまり見られません。自由な環境ですので新しい結婚式や演出もどんどん生まれています。

　こんなことから、アメリカと日本の結婚式には、常に新しいものが生まれるという不思議な共通点があります。

　一方、ヨーロッパでは、古い伝統を守り伝承しようとする傾向があります。新しい結婚式が生まれる環境とは言い難いでしょう。

　だからこそ、海外のウェディングにヒントを求めるならば、アメリカのブライダルがとても参考になるのです。

ウェディング保険

　欧米では、独立開業しているウェディングプランナーが新郎新婦へ業者の紹介を行います。新郎新婦は業者と直接契約して直接支払いをします。そんな背景から、なんらかの理由で挙式を中止した場合の支払いの肩代わり、指輪を紛失してしまった場合、手配していた衣裳や写真、花、ケータリングなどの業者が式当日を前に倒産してしまった場合などの損害保証が必要となります。欧米ならではの保険と言えるでしょう。

　日本では、別の視点で東日本大震災を機にウェディング保険が商品化されています。

結婚指輪

　ドイツ、チェコ、オーストリア、スロバキア、ハンガリー、スペインなどの国では、婚約指輪は左手薬指に、そして結婚指輪は右手薬指にします。これらの国を並べてみた結果、一つの仮説を導き出すことができました。

　この右手薬指志向の国々の多くは、650年間続いたオーストリアのハプスブルグ家に一時統治されていたところです。ハプスブルグ家は政略結婚戦略で領土を広げ、イギリス、フランス、イタリアなどを除くヨーロッパの国々を統治していた時代もあったほどです
　この大帝国が長い時間一つでいられた理由には、カトリックという宗教を上手に活用したことも挙げられます。宗教というのは、言葉や文化の違う民族でも一つにまとめることができます。皆がハプスブルグ家配下のカトリック教徒であれば、結婚式形態も近いものになることが容易に想像できるのです。ただし、これは仮説に過ぎないため、更に調査・検証は必要です。
　一方、結婚指輪の左手薬指志向はイギリス、フランス、イタリア、アメリカ、そして日本といったところです。これらの地ではユダヤ教を除いて、宗教宗派に関係なくそうなっているようです。
　ユダヤ教の場合は結婚指輪を右手の人差し指に贈り、受け取った本人が自分で左手の薬指に付け替えます。
　結婚指輪はどの指でなければならない、というのは宗教上の考えによるものです。日本であれば好きな指にして構わないということです。

世界のウェディング事情

　いくつかの国のウェディング事情は、エリア別に特色があります。それぞれを簡単に解説します。

ハワイなどのビーチリゾート

　のんびりとし、そして開放感もあり、いろいろなものを受け入れる気質もあることから、自由な雰囲気で、癒しを感じるウェディングという言葉がぴったりです。

ヨーロッパ

　歴史があるからこそ、そして、陸続きの隣国を常に意識しているのか、伝統と誇りを重んじるお国柄があります。ですから、新たなアイデアから生まれるウェディングではなく、窮屈感があり、伝統を守る、古い物ほど価値があるのだという、いわゆるトラディショナルウェディングが生きています。

オーストラリア

　どこの国とも距離があり、ある意味島国であることから、独自の文化で、そして、他からの影響を受けずに今日を迎えている場所です。○○でなければならない！　という頑固な部分はないまでも、そのエリア固有の環境や動物と共存し、それを守るというポリシーは強いと言えます。新しいウェディングを創造しようということではなく、各カップルの事情を理解して、柔軟なウェディングというイメージがあります。

アメリカ本土

　アメリカは、州単位でその地の条例によって行政が行われています。婚姻年齢、結婚手続き、飲酒年齢、税率、離婚手続きなど、それぞれです。

　結婚手続きで一番緩いのが、ラスベガスのあるネバダ州です。簡単に婚姻が成立してしまいます。ハリウッドスターが酔っぱらって、即結婚式をしてしまったなんていう変なニュースも、たまに耳にするほどです。結婚手続きが緩やかであるラスベガスには、日本のブライダル企業も拠点を置いています。

　アメリカは、他国に比べると歴史は浅い国です。グランドキャニオンなど自然をテーマにした国立公園はあるものの、お城や宮殿といった歴史的財産は少ないです。そんなアメリカのブライダルは何で盛り上がるかというと、それはテーマパークウェディングです。

　そういう商品はいろいろあるようです。

　　　ショットガンウェディング

　皆さんは、ショットガンウェディングと聞いて、どういうことを思い浮かべますか？

　実はこういう意味です。結婚を決めたカップルが花嫁の両親に挨拶に行きます。ただし、できちゃった婚というパターンです。

　それを聞いた父親は怒り狂い、奥の部屋からショットガンを持ち出し、彼氏へ突きつけ、「よくも、うちの大切な娘にひどいことしやがって！」というお話です。

　「できちゃった婚だって？　彼女のオヤジに撃たれないように気をつけろよ！」なんていう銃社会ならではのスラングです。

第7章 ● 海外のブライダル

海外ウェディング事例

　私は、数々の国を回り結婚式の取材をしていますが、本書では、私たちに馴染みのいくつかの国のウェディングの事例を紹介します。現地で見聞きしてきた情報も交えながら、お話します。

・ハワイ（アメリカ）
・イタリア
・イギリス
・フランス
・ドイツ

ハワイ（アメリカ）

　先に、アメリカは歴史がない、お城も宮殿もほとんどないと書きましたが、アメリカにある唯一の宮殿が、オワフ島のホノルルにあります。在りし日のハワイ王朝のイオラニ宮殿です。現在は博物館として公開されています。

　ハワイは外国人でも式を挙げさせてくれるオープンな環境（教会の充実）であること、開放感ある南の島でありながら日本文化を色濃く反映していること、日本語が通じるお店が多いこと、親族、親戚、友人などを同行しても誰もが楽しめる世界のリゾート地です。

　みんなおおらかで、のんびりしています。日本にいても、仕事から家に帰る時、初夏の穏やかな天気の中を帰るのと、極寒の雪の中を帰るのでは、気持ちは全く異なります。ハワイでは、そんなゆっくりとした時間が流れています。

171

宗教

ハワイには元々宗教がなく、あるとしても人々を照らし不安を取り除いてくれる太陽に感謝することや、Tiki（木彫りの神様）という神々へ願いごとをする程度であり、信仰というレベルではありませんでした。

しかし17世紀前半、ハワイにキリスト教が伝わり、カメハメハ2世もこれを推したことから、ハワイの民族はキリスト教を信仰することとなりました。欧米のキリスト教文化とほぼ同等と考えていいでしょう。もちろん、他に外部から入ってきたものとして、儒教、仏教、神道なども根付いています。

現在では、カトリック、プロテスタント合計で30%を数え、キリスト教が第一宗教となります。第一宗教で30%というのは少ないようにも見えますが、これは数字のマジックで、ハワイにはそれを上回るだけの無宗教者が存在しています。

結婚の手続き

おおらかな気質のハワイといえども、国はアメリカです。アメリカは州ごとの条例で結婚の手続きが異なります。ハワイでは、先ず、お役所から結婚許可証（Marriage License）という用紙を手に入れます。日本で言うところの婚姻届用紙です。用紙の入手の手続きには多少時間がかかります。

そして、結婚式にて、この署名欄に署名を行います。署名欄には、新郎新婦の欄、そして司式者（結婚を見届けた責任として）の欄があります。

アメリカの挙式では資格を持った司式者が必要となり、その資格

は州ごとにそれぞれ条例で規定されています。宗教婚の場合は挙式を行った宗教施設の聖職者、民事婚（市民結婚式・シビル結婚式）では判事や弁護士、州公認のミニスター（司式者）という具合です。

ハワイ州では、教会所属の聖職者や州が認めたウェディングパフォーマーと呼ばれるミニスター（司式者）が、挙式を執り行います。

挙式にて署名した結婚許可証は、司式者が預かり、後日、お役所へ提出してくれます。お役所からは、結婚証明書（Marriage Certificate）が発行されます。

ハワイアンウェディング

キリスト教式の結婚式にハワイのエッセンスを加えた、ハワイ風教会式が主流です。

ハワイアンウェディングには、伝統的衣裳があります。花嫁はホロクと呼ばれる白の正装ムームーで、ウェディングドレスに相当します。新郎は白のアロハシャツに同じく白のスラックス、そして腰にはサッシュベルトという布を巻き、緑の葉で作られたマイレレイと呼ばれるレイを首からかけます。

ハワイは湿気も少なく、ウェディングドレスの花嫁も汗だくになることはありません。日本人ご両家の結婚式であれば、列席者もお父様も、日本で言うところの黒の礼服をお召しになる方もいます。それはそれでいいことですが、ハワイの開放感からして、アロハシャツでいいのではないでしょうか。現地ウェディング会社では列席者用のアロハシャツ、ムームーのレンタルサービスも行っています。列席者皆がお揃いの絵柄のアロハ、ムームー、というのも素敵です。

挙式では、開式時にホラ貝が吹き鳴らされます。そして式の最中、

日本の神前式であれば巫女が舞いますが、ハワイではフラダンサーがお祝いの踊りをしてくれます。

そして「レイの交換」の儀式があります。レイは愛を表すもので、レイを贈るというのは愛情の印を贈るということです。レイは大きく分類して2種類あります。花など生の物を使う物と、貝殻やククイの実などを使い保存できる物です。

アロハ・スピリッツ

ハワイウェディングは雨でも大丈夫

ハワイはRainbow State（虹の州）と呼ばれるほど、短時間の雨と強い陽差しのおかげで、美しい虹を見る機会がたくさんあります。

雨の結婚式の新郎新婦は幸せになれると言います。それは雨の後、幸せの虹が現れるからです。ハワイには、No rain＆No rainbowと言う言葉があります。雨は幸せの虹をもたらします。

ハワイの虹の色は6色

虹って7色（なないろ）じゃないの？とお思いでしょうが、それは日本人だからです。虹が何色かというのは、国によって解釈が異なります。アメリカでは、6色です。ハワイの虹の6色は、赤、オレンジ、黄、緑、青、紫（日本はこれに藍色が加わって7色）です。

この6色にそれぞれアロハスピリットが込められています。

赤：赤い鳥の羽（王家の象徴）

オレンジ：イリマという花の色

黄：バナナの色

緑：シダの葉の色

青：海の色

紫：女王様のドレスの色

その昔、ハワイには虹がなかったそうです。ハワイの小人妖精の
メネフネ達が、雨の後のどんよりした空はつまらないと、みんなで
相談して虹を作ったのだそうです。

　　プルメリアの花

　プルメリアの花言葉は「気品、情熱、恵まれた人、陽だまりのよ
うな人、情熱」で、神が宿る花とも言われています。満月の夜明け
にプルメリアのレイを愛する人に贈れば、恋が叶うという言い伝え
もあります。可憐な5枚の花びらにはそれぞれアロハスピリットが
込められています。

　　A：akahai（アカハイ）　→　やさしさ、おもいやり

　　L：Lokahi（ロカヒ）　→　調和

　　O：Oluolu（オルオル）　→　心地よい

　　H：Haahaa（ハアハア）　→　謙虚な

　　A：Ahonui（アホヌイ）　→　忍耐強く

　プルメリアの花を飾りに耳のところに挿す場合、未婚の人は右、
既婚者は左に付けます。

　　ククイナッツのレイ

　ハワイの州木のククイは、ハワイアンを守る魔除けの木であり、
また、実から取れる油に火を灯し夜の明かりとしたことから、灯り
を象徴する神聖な物と考えられ、格式高き王族のレイとされました。

　フラダンスの装いの一部としても使われています。

イタリア

イタリア人は陽気で、まさに人生を楽しんでいる人々です。街を歩く時、話す時、食べる時、常に陽気です。暗い顔をしている人を見たことがありません。そして、考え方がシンプルで、言っていることはストレートで分かりやすいです。

イタリアの航空会社の飛行機に乗った時のこと、機内食で隣の人より料理が1皿少なかったことがありました。CA（キャビンアテンダント）に「私にもフルーツをください」と言うと、イタリア人のCAは笑顔で、「今月からメニューのシステムが変更になっているので、フルーツが付かない人もいます」とのこと。

言っていることは、実に分かりやすくストレートです。ですが全くもって正論ではありません。日本人と正反対の性格で、マイペースでいるためには、自分から仕事を増やそうとは一切考えないようです。他にも、ピサの斜塔はイタリア人ではなくドイツ人が作ったから傾いている、イタリアはどこの国よりも歴史があるので国民は洗練されているなど、マイペースな自己主張も強いです。

しかし悪いところばかりでもありません。家族をとても大切にするといういい面があります。結婚式でも家族愛、両親への感謝を感じます。

宗教

何と人口の75%がカトリックだそうです。残り25%の大半は無宗教と言いますから、イタリアはカトリックの国と言ってもいいでしょう。ただし75%のカトリックを名乗る人の半分以上は、教会に通

わない人々だそうです。

　話は変わりますが、世界の中でほとんど男性で占められる国があります。しかも、全員がカトリック教徒です。それは820人（2018年）で構成される、ローマ市内にあるバチカン市国です。

結婚の手続き

　カトリックの教えでは、結婚式は神様のお導きで出会った二人がそれに感謝し、誓いを立てるというセレモニーです。

　結婚の手続きとしては、新郎または新婦が居住する市の役所に出向き申請します。出生届や、これまで住んでいたすべての場所の住民票などを提出します。

　キリスト教の結婚式の考えの一つに、「できるだけたくさんの人の祝福を受けましょう」というのがあります。日本で言えば神前結婚式の列席者は親族中心、教会式は友人でも誰でも列席できる、という考えの違いです。

　イタリアでは市役所へ婚姻の申請後、結婚公示というものがあります。約10日間、市役所の中庭の掲示板に、「○月○日○○さんと○○さんが結婚します。異議のある人は市役所の○番窓口へ連絡してください」と、貼り出されます。10日間、誰からも異議がなければ、みんなが認め祝福しているという判断をします。しかし、中には反対する人もいます。その結婚をよく思わない、元カレ、元カノジョです。異議申し立てがあれば、当事者間で解決してから、結婚式となります（そう簡単に解決なんてしないでしょうけど）。

　このように結婚の手続きも大変なのですが、関連して離婚手続きのお話もします。これがまた大変なのです。なぜなら「神様が選ん

でくれた相手ですが、私、無理です！」というストーリーになってしまうからです。離婚には、裁判所の許可が必要となります。しかし、裁判所もそう簡単に了承してくれません。

　裁判官は、「本当に離婚したいのか？　今一度お互いを見つめ直して、一週間後に来なさい」「一週間経って本当にまた来たのか？では半年間別居してみて、じっくり考えて、出直して来なさい」。こんなに大変なことになるわけです。

　イタリアは結婚するのも大変なら、離婚するのはもっと大変です。

イタリアの結婚式形態

　挙式形態は大きく分けて２つ、教会などで行われる宗教を伴った「宗教結婚式」と、宗教を伴わない法律に基づいた「市民結婚式」があります。

宗教結婚式

　カトリックでは、人生における、洗礼から始まるいくつかの儀式があります。結婚式もそれらの儀式の一つに過ぎないと言えます。新郎新婦いずれかが教徒であり、また結婚式に向けて神父から結婚に関する考え方や心構えなどの講習を受けることで、教会から結婚式の許可がもらえます。

　式の中では、カトリックで一般に行われるミサ（パンと赤ワインによる典礼儀式）が取り入れられます。

　日本から海外ウェディングでイタリアを訪問する場合ですが、大半はプロテスタントの教会での挙式がパックになっています。

また、旧貴族の宮殿やお城などを改築してホテルにしているところに仮設のチャペルを作り、そこにカトリックの神父（快く来てくれる神父もいるらしい）を呼び、簡易的なカトリック式を挙げる場合もあるようです。

市民結婚式

無宗教や両家の宗教のぶつかり合い、再婚のためカトリック教会が式を許可してくれないなど、様々な理由で法律に基づいた市民結婚式を行うカップルも、少なくありません。

各市には、市役所内に「市民結婚式場」なるものがあります。市役所（市役所といっても、昔は宮殿として使われていた建物など歴史的建造物の場合が多い）内にある、挙式用に装飾された会場です。

司式者は、市長またはそれに準ずる人が担当し、婚姻に関する法律を読み上げ、そして立会いの証として署名を行います。

簡易的なセレモニーではありますが、新郎は礼装、新婦はウェディングドレスで、そして司式者も緑白赤のイタリアンカラーのたすきをした、司式用の衣裳で行われます。

挙式後の写真撮影

挙式後、レセプション会場までの移動の途中、プロのカメラマンによる写真撮影があります。歴史的名所や観光名所で、ドラマのワンシーンのような写真がたくさん撮影され、その写真は後日、厚い1冊のアルバムとなって納品されます。

挙式列席者はこの写真撮影の間、自由行動になったり、先にレストランで盛り上がったりと、様々です。

新郎新婦は専用車で移動します。列席者達は移動する時の自家用車に結婚式を表すリボンの飾りを付け、街中をアピールしながら走り回ります。

　このリボンの装飾はアメリカ、イギリス、フランス、オーストラリア等と比べると、実におとなしい飾り付けに私は感じました。

イタリア式披露宴パーティ

　披露宴は、一般的にはレストランを貸し切りにして行います。街中の場合もあれば郊外のガーデンレストランなどの場合もあります。

　特に決まった式次第はありません。新郎新婦と列席者はイタリア料理を楽しみながら、長い時間をかけて食べたり踊ったりが繰り返されます。スピーチも余興もなければ、司会者もいません。それが4〜5時間続きます。

　小さい子供は疲れて眠くなってしまいますが、おじいちゃんおばあちゃん達は逆で、とても元気に過ごすようです。

　デザートのタイミングでケーキ入刀となり、そのあと小さくカットして、デザートと一緒にみんなで取り分けます。入刀後に食べることが通例のため、日本のような背の高いイミテーションケーキは存在しません。

　飲み物はワインです。スパークリングから白、赤、そして食後酒はまったりした甘いワインが出されます。

　お開き時のお土産としてイタリアで一般的なのは、コンフェッティ（ドラジェ）です。

イギリス

イギリス人は、伝統にこだわるところがあります。アンティークショップでも、古い物ほど高価です。

ところで、東京築地には、墨田川に架かる勝どき橋という跳ね橋があります。大きな船が通る時は、橋を跳ね上げ、その間車は通行止めにしていましたが、交通渋滞の原因になるため、今は跳ね上げることはしていません。

ロンドンにも、テムズ川に架けられている有名なタワーブリッジ（通称ロンドンブリッジ）という跳ね橋があります。こちらは現役で、大型船が通る度に開閉しています。その間、車は30分ストップします。その都度大渋滞です。

しかし、車に乗っているイギリス人を見ると、鼻歌を歌うなど、実に陽気で苦情などありません。なぜイギリスでは、渋滞してまでそんなことをするのでしょうか。理由は簡単です。伝統だからです。

宗教

イギリスに限らず、欧米のウェディングは宗教に根ざし、本物の教会で挙式をしています。イギリスの第一宗教は、イギリス式キリスト教とも言える英国国教会です。元々、イギリスはカトリックでした。カトリックは離婚をタブーとします。16世紀、時の王様ヘンリー 8世が離婚をするためにイギリスはカトリックから離脱、英国国教会という新たなキリスト教を興しました。これが歴代、そして現在でもイギリス王室の信仰となっています。このような理由もあり、イギリスの第一宗教は英国国教会です。

結婚の手続き

　イギリスの婚姻の手続きですが、こちらも日本のように婚姻届を提出してその日に婚姻成立、とはなりません。市役所の中のレジストリオフィス（登記所）へ行き、結婚する意志宣言をします。レジストリオフィスでは、重婚の疑いはないか、近親ではないかなどのチェックが成されます。そして後日、結婚許可証（日本で言うところの婚姻届用紙）が発行され、いよいよ結婚式となります。

　結婚式が出来る場所は、レジストリオフィス、英国国教会など公認の宗教施設、そして任意の場所ですが、司式者はレジストリオフィス職員に出張して来てもらいます。これはもちろん有料でスケジュール調整も必要です。その後、挙式で署名した結婚許可証を市役所に提出となります。また結婚許可証（婚姻届）には、証人欄に２人分の署名が必要になります。家族でも友人でかまいません。

　挙式は親族のみの場合もあれば、友人達をたくさん招く場合もあります。少人数で挙式をして、その後の披露宴はたくさんの人を呼んで盛大に行うのが一般的です。

教会での結婚式（英国国教会の式）

　英国国教会は、カトリックやプロテスタントと同様に、キリスト教を代表する主だった教派の１つです。聖書に忠実で、マリアや聖人は崇拝の対象としません。また、十字架にはキリストが磔<ruby>磔<rt>はりつけ</rt></ruby>になっていないなど、プロテスタントに分類されるものの、カトリックの要素も持つことから両者の中道的存在と言えます。

　英国国教会で結婚式を挙げる場合は、新郎新婦いずれかが英国国教会のクリスチャンであることが条件とされています。いつも通う

教区の教会で挙式します。

レジストリオフィス（登記所）での結婚式

レジストリオフィスでは、婚姻届の受理に加えて、市役所内にある常設の人前式場で挙式を執り行ってくれます（有料）。

法律に基づく挙式となりますが、新郎新婦はモーニング・ウェディングドレス姿で臨み、家族を交えて厳粛に行われます。

日本で言うところの市役所、公民館で結婚式＆披露宴を行うということです。

英国スタイルの披露宴

列席者が席に着いたところで、食事がスタートします。3皿程度のプチコースが一般的です。

食事が終わった頃、新郎のサポート役であるベストマンが進行役を務めて、新婦父、新郎、ベストマンの3名程が挨拶し、その後ベストマンの発声で乾杯が行われます。

そして欧米人お得意のダンスタイムです。最初にダンスを披露するのは新郎新婦です。これをファーストダンスと言い、欧米ではこれが夫婦初めての共同作業となります。そして最後には全員で各々踊り出し、盛り上がります。

ダンスタイムの後はケーキ入刀となり、そのケーキをみんなで食べます。ウェディングケーキはデザートの甘い物という位置づけです。

欧米ウェディングでは、このケーキ入刀のセレモニーが中締めとなります。その後にブーケトスとガータートスが行われ、時間のある人は引き続き盛り上がる、という流れです。

衣裳

英国が生み出した衣裳として、フロックコート、モーニング、燕尾服、タキシードがあります。現在欧米の新郎の衣裳と言えば、正装ということでモーニングです。

日本でモーニングというと、媒妁人や父親のイメージがありますが、英国のモーニングの着こなしは実に素敵です。ベスト（チョッキ）で個性を出しているのですが、ベスト一つでこんなにも素敵に着こなせるのかと感じました。

そして、さすがは紳士の国です。イギリスにはドレスショップの他、新郎衣裳の専門店がありました。これは大きな驚きでした。

花嫁の純白のウェディングドレスですが、これもイギリス発祥です。1840年2月10日、ヴィクトリア女王が結婚式で着たのが、最初と言われています。以前の王室のドレスの色はシルバーでした。ヴィクトリア女王は、結婚式にシルクの白のドレスで現れました。産業革命で潤うイギリス国産のシルクです。

ロイヤルウェディングの影響で、それは世界中に広まります。ヴィクトリア女王の純白のシルクのドレスは、イギリス国産シルクのプロモーションにも繋がりました（国策とも言われています）。

さて、今どきのウェディングドレス事情ですが、大半がオーダーです。パーティ好きの欧米人にとってドレスは何着あってもいいのです。今後も長く着られるデザインにしたり、挙式後お直しをしてパーティドレスにしたりします。

オートクチュールのセルドレス（買い取り）の割合が、高いようです。

第7章 ● 海外のブライダル

フランス

　フランス人は、おしゃべり好きです。パリのレストランなどでフランス人を見ていると、明らかにそれを感じます。席に着くと、先ず飲み物のメニューを見て食前酒を頼みます。そして食べ物のメニューが来ると、食前酒を飲みながら、メニューを開けて、雑談が始まります。「じゃあ今日は何を食べましょうかね。あ、その前に、このワインだけど、知り合いも言っていたけど…」と、食事のオーダーまで長い時間を要しているのです。まあ、これが正しいフランス人だと思います。

　フランスの結婚式は実に長丁場で、名付けるならばスタミナ結婚式というか、耐久レース結婚式というか、体力が必要です。一日かけて、そして翌朝まで行われる場合もあります。

　みんな「おしゃべりが大好き」で、後先考えずどんどん喋りまくりますから、時間を気にせず長時間のパーティでも大丈夫なのでしょう。それに付き合わされる異国の人は大変ですが…。

宗教

　フランス革命以前はカトリックの国と言ってもいい程イタリアに倣っていました。王政、料理、宗教…です。

　そして現在のフランスも第一宗教はカトリック、第二宗教はイスラム教、その後にプロテスタントと続きます。統計上は人口の約70％のフランス人がカトリックだとされていますが、実際に教会に通う敬虔な信者は全人口の10％以内であろう、と言われています。

結婚の手続き

こちらも市役所に事前に結婚の申請が必要です。婚姻は即成立とはなりません。

出生証明書、独身証明書、慣習証明書（記載内容：成人であること、事実婚者でないこと、後見人がいないこと）、住民票、身分証明書、結婚の証人となる2名の身分証明書が必要です。

これらを提出すると、新郎新婦は別々の部屋に通され尋問です。結婚の意志、重婚ではないかなど聞かれるそうです。

その後、イタリアと同じ結婚公示を経て、当日を迎えます。

市民結婚式

結婚式は市役所の登記所内のセレモニー会場にて、市長が司式者となって行われます。法律に基づいての誓約・結婚許可証へ新郎新婦の署名、保証人2名の署名、それを見届けた責任者として司式者である市長が署名します。事務的で形式的なセレモニーです。

これで法律上の結婚が成立します。

市役所のセレモニー（市民結婚式）をもって結婚式とするのであれば、その後はレストランへ移動してパーティですが、カトリックであれば教会に移動し大聖堂でのウェディングを行う人もいます。

聖歌を歌い、神への誓約、指輪を交換し、そしてフラワーシャワーでの祝福です。

朝から始まり、お昼か午後早い時間に終わります。

フランス式披露宴パーティ

　その後はレストランでの披露宴パーティですが、フランスのパーティというのは、暗くなってから遅い時間程、フォーマル性が強くなります。夕刻6時とか7時に開宴です。よって午後の時間は休憩タイム。列席者は、カフェで過ごす人もいれば、ショッピングをしたり、一度家に帰る人もいます。そして暗くなって披露宴パーティのスタートです。料理はビュッフェであったり、ハーフコース（3皿程度）であったりします。

　夜9時～10時になると、お食事タイムは終了で、ケーキを食べるデザートタイムです。ウェディングケーキ入刀、ファーストバイトはデザートの時間に行われます。

　そして夜も更けてきました。いよいよ、ダンスタイムのスタートです。夜中まで踊って、ただダラダラ飲み明かします。

　夜中2時、3時、いや朝方まで続くこともあり、また、翌日に引き続き食事会をする場合もあります。話好きだからこそ、場が持つのでしょう。

　フランスでは、列席者が受け取った結婚披露宴招待状に土曜日と書かれていても、土日2日間を空けておくことが通例となります。

　そして、休力が必要です。

リゾートウェディング

　フランスは、リゾート結婚式も盛んです。市民結婚式の後に、リゾート地へ出向き挙式をします。山だらけの日本と違い、フランスは国内移動がしやすいことに加え、ブルターニュ、ブルゴーニュ、アルザス、プロバンスなど、素敵なリゾート地がたくさんあります。

パリ市内のブライダル会社のサロンには大きくフランスの地図が貼ってありました。パリで集客し、フランス各地のリゾート結婚式へ送り出すという、ビジネスモデルです。

そしてフランス人は自然が大好きです。現地で見ていても、パリ市内であまり結婚式に出合うことはなかったように思います。

披露宴パーティでは寸劇やゲームなども行われますが、ほとんど友人による即興です。事前に準備してまで行うことはないそうです。

そして、ブーケトスをする人はほとんどいないそうです。せっかくのお花がもったいないと言います。さすがフランス人はロマンチストだなと思った次第ですが、ブーケトスの代わりに、ガータートスが定番なのだそうです。実はそれほどロマンチストでもなさそうです。

言い伝え

　　雨の結婚式

フランスでは「雨の結婚式は幸せをもたらす」と言います。

神様の計らいで、新郎新婦が一生をかけて流す涙を全部まとめて雨にして降らせてくれたわけです。新郎新婦がこれから共に歩む人生は涙なしになるでしょう！　というものです。

　　シャンパンの弾ける泡の音

グラスに注がれたシャンパンに耳を澄ますと、パチパチと泡が弾ける音が聞こえます。この音は、結婚を祝福して集まってくれた天使たちの拍手の音と、言われています。

ドイツ

　ドイツ人は、ご存知の通り、勤勉でまじめ、そして、実に合理的です。私生活でも合理的ということで、趣味で物集め（コレクション）をする人などいないそうです。日本ではアメリカの大手、緑のトレードマークのコーヒーショップが、各地でご当地デザインのタンブラーを販売していて、それをコレクションしている人もいます。

　ドイツにもそのブランドのコーヒーショップが多くありますが、リサイクル容器という目的でタンブラーは売っているものの、コレクションのためのご当地柄などは、ありませんでした。

　若者たちは、結婚相手を決めるにも、相手と何度も何度もデートを重ね、決断すると言います。そしてデート費用は割り勘が普通で、合理的という言葉が一番しっくりきます。

宗教

　カトリック＋プロテスタントのキリスト教が6割を占めます。プロテスタントは16世紀前半の宗教改革で、ドイツのヴィッテンベルクでルターによって興された教派で、ドイツが発祥の地です。

　現在のドイツでも若者の宗教離れが進んでいるそうです。ドイツのキリスト教カトリックには教会税という税金制度があり、教徒には所得税金額の10％（州によって異なる）相当が加算徴収されています。消費税が19％という税金大国でもあることから、宗教に興味がなく、少しでも節税したいと考える若者層は宗教離れとなってしまうのでしょうか。

結婚の手続き

ドイツの結婚の手続きは、新郎新婦いずれかが住所を登録している管轄市役所に足を運び、書類の提出をしてから、後日、登記所の結婚式専用ルームにて簡易的なセレモニー（20分程度）を行います。

セレモニーのメンバーは、司式者役の市職員、新郎新婦、証人、付添い人（アッシャー、ブライズメイド）、親族などです。

進行は、市職員が結婚に関する法律を読み上げ、それに同意した証として、新郎新婦が婚姻届にその場で署名します。

このセレモニーを挙式と捉えるカップルもいますが、キリスト教徒（カトリック）の場合は、市民結婚式は事務手続きと捉えて、その後に教会へ移動し、キリスト教挙式を行うというパターンもあります。

キリスト教挙式は、新郎新婦いずれかがキリスト教徒であることが条件となります。教会税を支払わない（キリスト教会から脱退した）者は、キリスト教会では結婚式はできません。教会での結婚式は人気もあるため、結婚を機に教会から脱退するという人もいるようです。ちょっとした社会問題になっています。

花嫁衣裳

新郎新婦の衣裳には、ドイツ特有の事情が見られます。

ドイツでは、ドレス姿で市役所に行き、その後教会やレストランなどへ移動します。

披露宴では後半にダンスタイムがあり、お色直しはありません。

移動がある、ダンスを踊る、ドレスを着る時間が長いなどの理由から、選ぶドレスはシンプルで動きやすいもの、というのが条件に

なっているようです。

　市役所結婚式だけで結婚式を済ませるカップルは、衣裳もシンプルで、新郎はスーツにネクタイ、花嫁は白のワンピースということも多いようです。

　ドイツでは、レンタルドレスは少なく、ドレスショップで購入することが一般的です。ドレスショップにはドレスがたくさん並んでいますが、これはサンプルです。デザインを決め、花嫁のサイズを指定して取り寄せるため、在庫のあるなしで納品時間も異なります。

ドイツならではの演出

ポルターアーベント

　挙式の前夜祭パーティでは、たくさんの知り合いが新郎新婦の自宅の庭に集まり、バーベキュー（ドイツなのでソーセージで）やビールやワインを食し、お祝いします。そしてゲストはみな、自分の家から不要なお皿など陶器を持参し、新郎新婦の目の前で、地面に叩きつけて割り始めます。その破片を新郎新婦が拾って片付けます。

　酔っ払ったゲストが次々に割り始めると、新郎新婦はほうきとちりとりを使って片付け、ゴミ箱へ運ぶという「いたちごっこ」が始まります。

　日本であれば「割れる」というのは縁起が悪いと言われますが、ドイツには、「破片は幸運をもたらす」という言葉があるそうです。

　また、古い物は壊して、新生活は新しい物を揃えていこうという考えもあるそうですが、リサイクル国家のドイツというイメージからすると、理解に苦しみます。

補足ですが、陶器の破片は幸運でも、ガラスの破片は不運なのだそうです。そして、デパートではこのポルターアーベント用のお皿も販売されています。

なお、前夜祭と記載しましたが、翌日寝不足や二日酔いでの結婚式とならないように、今では挙式の2〜3日前に開催するようです。

披露宴二次会での花嫁の誘拐ゲーム

友人達が花嫁を連れ出し、数名で近隣の別の居酒屋さんで飲み始めます。新郎は新婦を探し回ります。新婦を発見すると、そのお店のお勘定を新郎が支払います。

のこぎりで丸太切り

披露宴で、二人の共同作業として、のこぎり使って、用意された丸太を二人で切り落とします。

花嫁のベール

夜遅くまでビールを交えるドイツの披露宴パーティですが、夜中0時に花嫁のベールが外されます。これは0時をもって、結婚式の花嫁の1日が終わり、一人の婦人となることを意味します。そして、そのベールは、次に結婚する女性友達へプレゼントされます。

白いシーツくぐり抜け

白い大きなシーツの中央に、新郎新婦がゲストの前で大きなハートの形の切り抜きをします。友人たちがそのシーツを垂れ幕のよう

第7章　海外のブライダル

に持ち、新郎新婦はそのハートをくぐり抜けます。

　新生活のスタートです。

バームクーヘン事情

　日本の引き菓子定番と言えばバームクーヘンですが、本場ドイツでは、バームクーヘンはお菓子というより特別な時（クリスマス）に食べる特別なケーキです。

　一層一層焼き上げる（年輪？）には、高度な職人技が必要になります。そして、焼き上げるにもオーブンやかまどを使わず専用の器具が必要となることから、一般のケーキ店で目にすることはなく、ドイツでは「バームクーヘン？名前は聞いたことがあるよ」と言う人も、いるほどです。そういうことから、ドイツの結婚式にはバームクーヘンは登場しません。

　では「バームクーヘンの断面の年輪は長い長い人生を意味し、長寿を願う縁起物、引き菓子には最適です！」とは、誰が言ったことなのでしょうか？

　実は、昭和50年代のこと、日本のバームクーヘン業者が結婚式場に、引き菓子として売り込むために考えたトークだったのです。

　そういう話を聞くと思わず笑ってしまいそうになりますが、これは実にいいビジネスのヒントでもあります。海外の洒落た物を日本に持ち込み、日本向けのストーリーを展開し、それを商品化するというパターンです。

　なお、バームクーヘンを食べる国ランキング世界第1位は日本で、世界一長いバームクーヘンを焼き上げたギネス記録は日本にあり、

そして、日本で一番使われているドイツ語は「バームクーヘン」だそうです。

　以上いくつかの国の事情をお話しましたが、ここまで読んでいただくと、いかに日本の婚姻、結婚式が簡略的で、自由度が高いかが、お分かりいただけると思います。

　日本の簡略手続き、自由な結婚式演出が生まれる背景としては、戸籍の整備、宗教に対しておおらかであるということが挙げられます。
　新たな令和の時代、今までにない演出もたくさん生まれそうです。

海外ブライダルの縁起物

　日本人は、欧米への憧れがあり、ブライダルも同じです。海外の縁起物は積極的に新郎新婦へ提案しましょう。新郎新婦はきっと喜んでくれます。

サムシング４（イギリス）

　４つのサムシング（なにかしら）を身に着けて挙式に臨むと、幸せになるという言い伝えです。
　日本では、４という字は不吉な数字ですが、外国では…となると問題なく、皆さん受け入れているようです。不思議です。

言葉と意味	アイテム
Something old (なにか古い物) →家族愛の象徴	家に代々伝わる ティアラや指輪など
Something new (なにか新しい物) →新生活の象徴	新調したアクセサリーなど
Something borrow (何か借りた物) →隣人愛の象徴	親戚から借りた アクセサリーなど
Something blue (なにか青い物) →純潔や貞操の象徴	青いガーターベルトなど

ケーキ入刀（古代ローマ）

　由来は、ローマ時代にビスケットを割り、新郎新婦の頭に乗せたというところまで遡ります。ライスシャワー同様、貴重な食べ物を頭の上に乗せることで、特別な一日を分かち合います。

　また中世では、新婦がケーキを作って振る舞い、「私も、もうこんなに立派なケーキを作るようになりました」と、一人前になったことをアピールしました。

　このようないわれがあるわけですから、ケーキ入刀の後のファーストバイトは、最初に、ケーキを作った新婦が新郎へ一口贈り、「どう？おいしい？」、そして新郎から新婦へ「とっても美味しいよ、ありがとう」という順番の方が、意味合いとして自然なわけです。

新郎のケーキ（欧米全般）

入刀用のケーキを新婦のケーキと位置づけ、これに対して新郎のケーキというのもあります。基本は保存の利くフルーツケーキで、列席者にお土産として持ち帰ってもらいます。

女性がこのケーキを枕の下に入れて寝ると、将来のだんな様の夢を見ることができるという、素敵なジンクスもあります。

6ペンスコイン（イギリス）

花嫁の左足の靴に6ペンスコインを忍ばせ、挙式に臨むと、裕福な新婚生活が送れる、という言い伝えがあります。

ヨーロッパでは、シルバーコインには「金運がある」と言われています。6ペンスコインは1967年で造幣が終了しており、今は古銭として、流通しています。

フラワーシャワー、ライスシャワー（欧米全般）

シャワーには、何かを振りかけることでお祝いするという意味があります。

ライスシャワーについては、食べ物である貴重な米を振りかけることで、食べ物に困らないように（裕福になるように）という意味があります。

ベール、ベールダウン（欧米全般）

ベールは、花嫁を邪気から守り、そして純潔の象徴でもあります。ですから欧米では、初婚の場合に着けます。

また、ベールダウンは今や日本では、新婦が挙式場に入場したと

ころで列席者に見えるように新婦の母親が行う、というのが流行の一つとなっています。

　欧米では列席者の前では行わず、挙式場の扉の外で行います。身内がベールダウンするとしても、父親です。
　新婦を今日まで守ってきた保護責任者は、父親ですから、嫁がせる娘にベールをかけてあげるのは、父親が責任をもって行うのが適当です。

　そしてバージンロードを歩き、父親は大切な娘を新郎に託します。ですからベールアップするのは、今日から花嫁を守っていく責任を託された新郎なのです。
　ベールアップが新郎なら、ベールダウンは今日まで娘を守る責任を担ってきた父親というのが、自然だと思います。

ブーケトス（イギリス、アメリカ）

　200年前のイギリスでは、結婚式当日、花嫁に触れると幸せが舞い込むと言われていました。いつしかそれがエスカレートし、列席者は教会から出てくる花嫁に近づき、強引に花嫁の花飾りや、イヤリング、ドレスの装飾を引き剥がして持ち去ったり、しまいには、ドレスの一部が破かれたりなど、モラルを逸する行為が多発するようになりました。
　ある時、花嫁は手にしていたブーケを空高く投げ上げました。そのブーケに群がる列席者を横目に、新郎新婦はその場を逃げ出したそうです。

また100年前のアメリカでのこと、挙式を終えた新郎新婦がウェ
ディングカーに乗って出発する瞬間に、花嫁がブライズメイドの一
人に「今日はありがとう！今度はあなたの番ね！」と、ブーケを投
げ渡しました。

　など諸説ありますが、後者の方が美しいと感じます。

　なお、ブーケトスをする場合は、投げても崩れないように、お花
屋さんに事前に相談して加工してもらうことが必要です。

ガータートス（イギリス）

　新郎が新婦のガーターベルトを外し、それをブーケトス同様に、
未婚の男性に向けて投げるという演出です。ブーケトスでブーケを
手に入れた女性と、ガーターを入手した男性はインスタントカップ
ルとなり、ダンスをします。

　欧米ではブーケトスとセットでお約束の演出なのですが、日本で
は上品さに欠けることから受け入れられてないようです。

ケーキチャーム（イギリス）

　ウエディングケーキの下にリボンに通したチャーム（シルバーの
小物）を置き、列席者が順に引き将来を占うゲームです。参加者は
列席者の中から主に未婚の女性が選ばれます。

　チャームの形によって、意味が変わってきます。

　例えば、

　・碇＝安定した生活

　・鎖骨＝願いは叶う

　・クローバー＝前方に幸あり

・指輪＝次の花嫁はあなた

・マネーバック＝幸運が彼女にやってくる

・ハートに矢＝恋がかなう

オレンジとオリーブ（イタリア）

オレンジリキュールのお酒が、ガーデンパーティなどで振る舞われることがあります。オレンジは鈴なりに実を付けることから、多産を象徴しています。新婦父が、新婦が生まれた時に植え、娘の結婚式で振る舞うという慣わしもあります。

オリーブも鈴なりに実を付けることから、おめでたい植物としてディスプレーされます。

馬蹄デザインの飾り（イギリス）

Uの字であることから、Uの中にいろんなものが貯まるという、縁起担ぎの飾り物です。

ユニティキャンドル（欧米全般、カトリック）

大きなキャンドルを中心に、左右に小さいキャンドルを用意します。右は新郎母が点けて、左は新婦母が点けます。真ん中の大きなキャンドルに新郎新婦が点火し、両家から受け継いだ明かりが灯ったとして、みんなでお祝いするのです。

コンフェッティ（イタリア）

フランス語ではドラジェ。アーモンドの実を色付けした砂糖ペーストでコーティングした祝い菓子です。

5粒で1セットが一般的であることには理由があり、それぞれ「幸福」「健康」「富」「子孫繁栄」「長寿」の願いが込められています。

バチュラーパーティ（アメリカ）

　バチュラーとは、独身の意味です。結婚前に新郎と新郎の友人だけで、独身最後の夜を過ごすパーティです。

シャワーパーティ（オランダ）

　シャワーとは、何かを振りかけてお祝いするという意味ですが、このパーティは二人の上に振りまくように、たくさんの人からたくさんのプレゼントを贈ったことに由来しています。

　ブライダルシャワーは、新婦とその友人たちが集まり、みんなで料理を食べたり、おしゃべりしたり、新婦にプレゼントを贈ることを目的としています。他にも、懐妊を祝う女性だけで行うベビーシャワーなど、いろいろなパターンがあります。

スタッグパーティ、ヘンパーティ（イギリス）

　共に英国の呼び方で、スタッグ（おんどり）パーティはバチュラーパーティのことで、ヘン（めんどり）パーティはシャワーパーティのことです。

ウェディングパーティ（欧米全般）

　新郎新婦をベストマン、アッシャー、メイド・オブ・オナー、ブライズメイドなどたくさんの仲間で囲むことで、幸せな新郎新婦にいたずらにやってくる悪魔を撃退する、という由来があります。

教会の大きな鐘

　教会で挙式が終わり、新郎新婦が外階段へ登場すると列席者はフラワーシャワーで迎え、そして、教会の鐘が「ガラン！ガラン！」と、これでもかというぐらい鳴らされます。

　これは金属音です。悪魔は金属音や高音から逃げていきます。

乾杯でグラスを合わせて音を鳴らす（欧米全般）

　乾杯と言えばグラスとグラスをぶつけて音を鳴らしますが、あれには悪魔を追い払う意味があります。悪魔は、金属音や、ガラスをぶつける高音を嫌うからです。

リハーサルディナー（欧米全般）

　挙式前夜のリハーサルディナーで、ワイワイ騒ぐのも悪魔を追い払うという意味があります。悪魔は大きな音を嫌うからです。

ウェディングカーに付ける空き缶（欧米全般）

　紐で吊るした空き缶をウェディングカーに取り付け、走るとガラガラ鳴る演出がありますが、これも大きな音を出して悪魔を追い払う意味があります。

ウェディングカーのマフラーにニシンの燻製（イギリス）

　ニシンの燻製に熱風がかかり異臭が発生します。これで悪魔が嫌がって逃げるのではないかという、イギリス人的な発想の演出です。

フラワーガール、フラワーボーイ（欧米全般）

挙式の先導にフラワーボーイやガールが花を撒きます。これは邪気を追い払う意味があります。

バージンロード（欧米全般）

こちらも邪気を寄せつけない、という意味があります。

しかし、海外でバージンロードを使う演出は、少ないようです。

ご存知の通り、バージンロードは和製英語です。欧米ではこの中央聖壇通路に敷く敷物をAisle Liner（アイルランナー＝通路の敷物）と言います。

第8章　これからの課題と予想

おかげさまでこの度の出版は、令和元年、時代の大きな節目の年というチャンスをいただきました。この節目のタイミングで改めて結婚式業界の課題を再認識し、またこれからの時代、この業界がどうなるのか大胆予想をしてみたいと思います。

　これからのブライダル司会者は、司会という立場を超えて、総合的な視点を持ちながら、対応していくことが、大切だと思います。

課題

　課題＝問題点のように思いがちですが、課題は悪い要因ということではありません。ここで言う課題とは、順調なビジネス状態において、なにかしら異なる状況が生まれ、それを認識することで、それに対してどう取り組むかの準備をすることです。次の3つを課題と捉え、解説します。

- ・婚姻組数（婚姻率）の減少
- ・なし婚の増加
- ・同性婚の行方

婚姻組数の減少（国内）

　婚姻組数は1970年（昭和45年）の日本史上最多の110万組から減少し、2016年においては約60万組にまで落ち込んでいます。

　ただ、70万組を下回ったのは2011年からのことです。婚姻組数は減少しているとは言うものの、なだらかな減少であり、私に言わせれば横ばい状態です。これは、離婚組数の数字も大きいことから婚姻組数＝初婚数＋再婚数となっているようです。

第8章 ● これからの課題と予想

なし婚の増加

入籍はするものの、結婚式をしないカップルは増えています。

結婚式をしない理由には、経済的なこと、式をすることに魅力を感じないこと、などがあります。原因の半分は、結婚式に携わる私達にもあります。

今や若いサラリーマンの年収は300～400万円の時代で、豪華な結婚式とほぼ同じ金額です。この景気低迷の時代にそのような結婚式がたくさん売れるでしょうか。自分たちの身の丈に合ったものを欲しているという層も、たくさんいます。

ニーズに合ったものを売る努力は必要です。

一方、こんなデータがあります。なし婚カップルの方が離婚率は高いといいます。想像するに、大きな夫婦喧嘩になった時など、これまでの結婚生活を振り返ると、頭の中には自分達の挙式の光景も浮かぶはずです。それは、立ち戻れる思い出があるということです。それがなし婚の人にはできません。結婚式をしたという事実はとても意味のあることだと、私は思います。

同性婚の行方

同性結婚を合法化している国のニュースを、よく耳にします。

リベラルな国オランダから始まり、フランス、イギリス、アメリカなど、日本を除いたたくさんの先進国で容認されています。

しかし、全世界レベルで見ると、先進国以外では実に少ないのです。アジアでは台湾のみで、アフリカでも南アフリカ共和国のみの容認です。

しかし、日本にもチャンスはあります、法律上同性婚は認められ

205

ていませんが、誰しも結婚式場などで結婚式セレモニーをすることは、できるのです。

　同性婚のカップルには「どんな結婚式をしたいのか？」を充分に伺うことが重要だと思います。なぜならば、模範解答はないからです。
　司会者として言葉遣いも意識する必要があります。
　「新郎新婦のご入場です！」を、「では、パートナーのお二人、ご入場ください！」と言い換えるなど、司会を担当することになったとしたら、シミュレーションは必須です。

　同性婚だけが課題ではありません。私の知るところでは、国内の結婚式場で、人間と動物、人間とボーカロイド（歌声の合成技術）の結婚式など既に行われている実績があります。ブライダル業界として、肯定的に迎え入れる体制を構築していくことも大切です。

令和のブライダル業界予想

　私は30年間ブライダル業界を見てきました。
　その流れで今後どうなるのか予想したいと思います。

　令和の時代、益々進むのは
　・国内リゾート結婚式の増加
　・小規模人数結婚式の増加
　ではないでしょうか。

第8章 ● これからの課題と予想

国内リゾート婚の増加

先ず、先進国の都市部という観点で見てみましょう。

先進国の特長として、「インフラの整備が進んでいる」ことがあります。飛行機、新幹線が益々便利になれば、遠隔地での結婚式でも、列席者を呼びやすい、そして呼ばれやすい環境になります。

そして、都市部の特長として「となり近所との関係が疎遠になる」ことがあります。近代的なマンションに住んでいると、隣近所とのお付き合いは薄れていきます。結婚式でいうと、しがらみなく呼びたい人だけ招待するスタイルが、確立されます。

この二つが整う環境が先進国の姿ですが、実は、全世界レベルで先進国ほど、少人数リゾート婚が多い傾向にあります。そして日本も、その時代に突入していると言えます。

リゾートウェディングには海外と国内がありますが、国内リゾートでは昨今、沖縄のリゾートウェディングの組数の増加が著しいのです。2018年でなんと年間17,000組、しかも毎年1,000組増という勢いです。

ちなみに現時点でリゾートウェディング組数が一番多いのはハワイですが、私の計算ではハワイウェディングは年間20,000組です。

2～3年後、沖縄リゾートウェディングが、ハワイを抜いてトップになるのは明らかです。この勢いで、国内リゾートウェディング（沖縄、軽井沢、那須、箱根など）が、益々多くなると思います。

私たち結婚式に携わる者にとっては、マーケットの縮小ではないか？　と考える人もいるでしょう。大丈夫です、みんなでこの課題

207

を克服するのです。大切な家族で行う水入らずの挙式は、素敵なリゾート地へ送り込みましょう。そして、地元で1.5次会（披露宴）をするという文化を創ればいいのです。

小規模人数での結婚式は今後も増える

しがらみなく、呼びたい人だけを招待しての、小規模人数の婚礼は増え続けるでしょう。

お葬式でも同じことが起きています。過去の葬儀会社の遺族への決まり文句は、「そのように質素なお葬式にしてしまっては、故人が喜びませんよ、可哀想ですよ」でしたが、今や、家族葬で充分と、遺族の判断で身の丈に合ったもの、というスタイルが増えているようです。

とはいえ、結婚式もお葬式も大規模人数のもの、豪華なものがなくなるわけではありません。言い方を変えれば、二極化が進むということです。

私たちとしては、両方に対応できる体制を作る必要があります。目の前のお客様のニーズに合わせ、ある時はベンツを売り、そしてある時は軽自動車を売るということです。

そうするためには、チャペルも宴会場も大規模なウェディング、小規模なウェディングに展開できる会場が求められます。

そして今、それができるのがホテルです。ホテルは大小の宴会場を備えています。チャペルも大型チャペル、少人数用チャペル、そしてロビーでもガーデンでも、挙式は可能です。

東京オリンピック・パラリンピック後、またホテルウェディングが元気になりそうな予感がします。

ブライダル司会者の７つ道具

「鬼に金棒」という言葉があります。

これは「鬼が金棒を持てば、怖いものなし！」という意味では、ありません。

「鬼は金棒の使い方を知っている、使いこなすことができる」ということなのです。

使いこなす能力というのも大切です。

そんな観点を持ちながら、これまでのまとめとして「ブライダル司会者の７つ道具」を、定義したいと思います。

──ブライダル司会者の７つ道具──

1．一般常識

2．ブライダルのしきたり・知識

3．接客マナー

4．品位

5．言葉遣い・敬語

6．おもてなし

7．気配り

１．一般常識

　一般常識とは、ある社会において一般的とされる常識を指します。

　それは国によって異なり（食事作法など）、国内においても関東と関西でさえ異なる部分があります（エスカレーターでの立ち位置、お雛様の飾り方など）。

　ブライダル司会者が保持すべき「一般常識」は、日本での一般的な常識である「周りに迷惑をかけない規範的行動」「周りの人に自然に納得してもらえる立ち居振る舞い」でしょう。

　根底には、私達日本人が共通に持つ知識、意見、判断力に即した行動があります。

　とはいえ、それぞれ異なる環境で過ごしてきた相手の常識については否定をしてはいけませんし、押しつけてもいけません。

　相手を理解した上での行動が求められます。

　例えば、禁煙のアナウンスをするにも、「たばこは悪である！」ではなく、「愛煙家の気持ちを理解した上で、喫煙スペースで喫煙をするようにお願いする」というスタンスになるということです。

２．ブライダルのしきたり・知識

　ブライダルのしきたりや知識がないままに披露宴の司会をすれば、それは単なる進行係かタイムキーパーにすぎません。

　当然のことながら、ブライダル司会者には「結婚式らしい司会」をしてほしいものです。

　ブライダルの関連知識として、少なくとも「新郎新婦が結婚式場を決めてから、挙式当日までどんな手順でどんな準備をするのか？」「ドレス選びは？」「ペーパーアイテム作りは？」二人がどんな物語を経て当日を迎えるのか、それに関する知識はぜひ知っておいてほしいです。

　それを知らなければ、新郎新婦の挙式当日の達成感ある笑顔に対して、コメントできないはずだからです。

　最近のブライダルのトレンドもおさえておく必要があります。

　よく「披露宴の現場で情報を得ています」という司会者もいるのですが、今や100組あれば100通りの結婚式があると言われている時代です。

　自分が入る現場だけでは10万分の１の情報しか得ていないことになるのです。

　書店に平積みされているブライダル情報誌にも、たくさんのヒントがあります。

3．接客マナー

　お客様に心地よく過ごしていただくためには、スマートな立ち居振る舞いやマナーは欠かせません。

　マナーとは「相手を気遣う」という気持ちの表れであり、また「相手に心地よくいてもらいたい」ということを考えて、行動すべきものです。

　接客をすると言うことは、その結婚式場の看板になるということでもあります。
　ブライダル司会者にとっては、結婚式場のイメージに柔軟に合わせることも、マナーの一つと言えるでしょう。

　しかし世の中でマナーというと、残念なことに「他者を気遣う」ことよりも、マナーをマニュアル化して、マニュアルに沿っているかどうかでマナーの良し悪しを判断してしまう場面に遭遇することがあります。
　ビジネスマナー、テーブルマナー、車内マナー、冠婚葬祭のマナーなどでも、そういった傾向が見られます。

　「マニュアルにないものはマナーではない」などと、安易に考えないように、心してほしいものです。

４．品位

　品位とは、人や物に備わる気品や上品さ、そして品格のことを言います。そこには、それを見る人が自然に尊敬したくなるような気高さや厳かさがあるように思います。

　ベテラン司会者特有の品位というものもあります。それは司会者のオーラが出ているかどうかです。

　言葉遣いにも品位が表れますので、正しい日本語で品位ある言葉を選んで話すことが必要です。

　ただ、こんなこともあります。きれいな言葉遣いで笑顔も素敵な人が、ある瞬間、机の引き出しを足で蹴って閉めたとしたら…。周りの人は幻滅するでしょうし、「親の顔を見てみたい！」とまで言われかねません。こういった品位というのは、子供の頃から社会を見て学んでいくものです。

　では大人になったらもう学べないかというと、そうでもありません。常に意識して生活することで、充分改善はできるからです。

　昔、小学生の頃、休み時間に机に座っていて、先生に「机は座るものではない！」と叱られたことを、今だに思い出します。反省です。

　話は変わりますが、最近私が感じる、品位に欠ける振る舞いがいくつかあります。その一つが、手を叩いて大笑いする行為です。

　昭和まで、手を叩いて歯を見せて笑うのは、オラウータンか、チンパンジーだけでした。平成以降、人間にもそのような品のない人達が現れたようです。

　品位ある人がすることではないと思いませんか？

5．言葉遣い・敬語

　言葉遣いには、その人の人間性が表れる、といいます。

　言葉遣いは、文字通り「言葉を遣う」という意味ですが、具体的には言葉の選び方、使い方、話し方を指しています。

　ですから「いい言葉遣い」とは、「適切な言葉を選び、適切な使い方で話している」ということです。

　いついかなる時でも、それを意識して話したいものです。

　そして日本には、敬語という素晴らしいものがあります。

　敬語にはそれを用いる人の、相手に対する気持ちがはっきり表れます。

　正しい日本語を話すこと、適切な言葉を選んで話すこと、相手に理解しやすいように話すことを心がけましょう。

　友人との会話の中で、時として相手が乱暴な言葉を使ってくるかもしれません。それでもそれに流されないことです。

　それも司会者のプライドの一つだからです。

6．おもてなし

　おもてなしの語源は「持って成す」と、言われています。
　これは「物を持って成し遂げる」ですが、具体的には「心を込めての待遇をする」という意味です。

　そして心を込めるということは、「相手のことを思いやること」「相手に負担を感じさせないこと」「相手に心地よく感じてもらうこと」を、行動で実践してこそ、成し遂げられるものです。

　ただし、気をつけなければならないこともあります。
　どんなに心を込めて尽くしても、それが結果として、もてなす側の自己満足で終わってしまう場合もあるのです。
　外国人や、自分と違う文化の人へおもてなしをする時は、特に注意しましょう。

　どの人も、求めるものは同じではありません。
　目の前の人に対して「この人にはどうしたら喜んでいただけるのだろうか」「満足していただけるのだろうか」ということを追求する気持ちが、何よりも必要なのです。

7．気配り

　気配りとは、相手の欲していることに合わせて行動を起こすことで、ペンを差し出したり、飲み物を注いであげたりといった「行動」が例として挙げられます。

　司会者であれば、わかりやすく話すこと、心地よく聞こえる声量で話すこと、相手が話しやすい流れで会話をすることなども、充分な気配りと言えるでしょう。

　しかし、その範囲はもっと広げるべきではないでしょうか。

　例えば、高齢者を連れて電車に乗った時に、７人掛けの長い座席が空いていたとします。その高齢者をどのあたりに案内したらいいでしょう。長い座席の中央でしょうか。いえ、そうではなく、一番端の席が妥当です。なぜならば、座る時や立ち上がる時に、すぐ横にある手すりにつかまることができるからなのです。

　相手に何かをしてあげる時には、「相手はどんなことをしてもらったら助かるのだろうか」「もしも自分だったらどんな行動をするだろうか」と考えながら行動したいものだと、心から思います。

　以上これら７つ道具は、リンクするところもあり、重なるところもあります。

　この７つを関連させながら使いこなしていけるよう意識しながら、結婚式の現場に臨んでいきましょう。

あとがき

　話のプロは多方面にいます。しかし結婚披露宴の進行役は、きれいな話し方に特化したアナウンサー的存在でも、原稿に忠実なナレーター的存在でも、語り上手な噺家的存在でも、感情を込めドラマを演出する俳優的存在でもありませんし、またブライダルの知識を備えた評論家的存在でもないのです。

　披露宴会場内では「司会者」と呼ばれ、その要件は、上手にきれいに適切な言葉で話せることが大前提で、しかもその上にブライダル用語の使い分け、ブライダルの知識、ノウハウが伴った姿です。

　ブライダル司会者には、決まり切ったマニュアルがありません。そう考えると、将来に渡ってロボットが司会をすることはないでしょう。だからこそ、益々技量を磨き、新郎新婦、列席者に寄り添う司会者でありたいと思います。

　私は、これまで3冊の本を執筆してきました。どれもブライダル司会者を対象とした物でした。今回はブライダル業界の多方面の方々にアドバイスをいただき、対象をブライダル司会者、プランナー、そしてキャプテンを始めとするバンケットスタッフにまで広げました。それぞれ結婚式に取り組む観点は違っても、私たちに共通しているものはあります。それは「いい結婚式を作りたい！」です。

　本書をご覧いただき、何かしら一つでも参考にしていただけるものがあれば幸いです。最後まで読んでいただきまして有難うございました。

　最後に、本書の出版にご尽力いただきましたキクロス出版の山口晴之様、BIA初代ブライダルマスター　遠山詳胡子様に厚く御礼を申し上げ、結びといたします。

BMCA ブライダルMCアライアンスのご紹介

BMCAは2005年に発足した全国ブライダル司会者ネットワークです。発足のきっかけはブライダル業界のオープン化でした。オープン化とは、言葉通り「オープンでなかったものがオープンになること」です。

過去、結婚式場ごとの特長・品質・価格情報はオープンにされず閉じられたものでした。1990年代に新郎新婦のニーズが反映され、結婚情報誌が各結婚式場の情報を誌面上に横並びにしたことで、ブライダルのオープン化がスタートしました。他にもオープン化した業界はたくさんあります。コンピュータ業界、鉄道業界、航空業界、携帯電話業界、デジタル機器業界などです。

一般にオープン化の動きとして、業界の活性化のために規格を共通化し、その中で各企業皆が群れを成してみんなで生き残っていく、というスタイルになっていきます。BMCAはその自然な流れに乗り設立されました。BMCAの活動理念に以下三つがあります。

・ブライダルMCの品質向上
・メンバー間の交流推進
・メンバーへのビジネス支援

またBMCAは、ブライダル業界では唯一の全国規模の組織です。東京本部を始め、東北支部、北関東支部、中部支部、関西支部、中国支部、四国支部、九州支部、沖縄支部を拠点に活動しています。

2019年7月現在で登録MC数は750名を数えます。現場の活きた情報の交換を行い、共に品質の向上を目指して全国規模で活動しています。

恋塚 太世葉（こいづか たせは）

1964年 宮城県生まれ。
大学在学中より仙台市で、披露宴スナップ撮影カメラマン、DJとして活動をスタートさせる。卒業後活動の場を東京に移し、以後ブライダル専門の司会の傍ら、専門学校などで、プランナーの教育や全日本ブライダルMCアライアンス（BMCA）の会長として、後進の育成に力を注いでいる。全米ブライダルコンサルタント協会認定 上級ウェディングヴェンダー（国内取得第一号）。Weddings Beautiful Worldwide認定 ウェディングスペシャリスト。
著書として「ブライダル司会ハンドブック」「ブライダル博士のハンドブック」「ブライダル司会プレミアムハンドブック」（杉並けやき出版）などがある。

ブライダル司会の極意

2019年7月26日　初版発行

著者　恋塚太世葉
発行　株式会社 キクロス出版
　　　〒112-0012　東京都文京区大塚6-37-17-401
　　　TEL.03-3945-4148　FAX.03-3945-4149
発売　株式会社 星雲社
　　　〒112-0005　東京都文京区水道1-3-30
　　　TEL.03-3868-3275　FAX.03-3868-6588
印刷・製本　株式会社 厚徳社
プロデュース 山口晴之　エディター 遠山詳胡子
© Koiduka Taseha 2019 Printed in Japan
定価はカバーに表示してあります。乱丁・落丁はお取り替えします。

ISBN978-4-434-26349-1　C0034

「企業宴会や婚礼宴会の創り方」がここにある

(一社)日本ホテル・レストランサービス技能協会
テーブルマナー委員会委員長
石井啓二 著

四六判並製・本文224頁／本体1,800円（税別）

　宴会セールスは、施設がおかれた場所や状況によって、ノウハウは異なります。また、地域によってローカルルールや風習による違いもあります。しかしながら細かい所は違っても、大切にすべき根幹は変わらないはずです。営業である以上、最も大きく優先されるのは売り上げを作ることです。それも持続できることが大切であって、そのためには品質の保持、向上、顧客の満足度に応じた展開、他社との差別化など、さまざまな課題が待ち受けています。本書はその問題に応えたマニュアル書で、すべての宴会関係者が、長い間待ち望んだものです。

第1章　宴会セールスは「人間関係」で決まる／第2章　宴会セールスのマーケティング／第3章　「スタッフ」を売る／第4章　宴会セールスの営業戦略／第5章　打ち合わせ／第6章　施行当日／第7章　お身体の不自由なお客様への対応／「幹事さん」のためのワンポイントアドバイス

繁盛店のマネージャーを目指すのは「あなた」です

中国料理サービス研究家　ICC認定国際コーチ
中島　將耀・遠山詳胡子 共著
Ａ５判並製・本文292頁／本体2,800円(税別)

今、あなたのお店は満席です。入口の外側まで、お客様が並んで、席が空くのを待っています。そんな混雑状況こそ、マネージャーの腕の見せ所です。まさに嬉しい悲鳴、の状態ではありますが、むしろそのパニックを楽しむぐらいの、心のゆとりが欲しいものです。それには十分な知識と、多彩な経験が必要になります。経験ばかりは、教えて差し上げることはできませんが、知識と考え方なら、私の歩んできた道の中から、お伝えできることもあるでしょう。そんな気持ちで、この本を作りました。　　　　（はじめにより）

中国料理の常識・非常識／素材と調味料の特徴／調理法を知る／飲み物を知る／中国料理の宴会とマナー／料理の盛り付けと演出／中国料理のサービス／マネージャーの役割／メニュー戦略と予算管理／調理場との連携／サービスの現場で／本当の顧客管理／食品衛生と安全管理／私のテーブルマナー教室／マネージャーの人材育成／信頼関係を構築する法則／ラポールを創る／コーチングマネージャー／目標設定７つのルール　メンタルヘルス／職場のいじめ／ユニバーサルマナー　　　（目次より）

日本一になった百貨店流の「接客」をお伝えします

日本初の女性シューフィッター・上級シューフィッター
久保田美智子 著

四六判並製・本文184頁／本体1,400円（税別）

時代がどのように変化しようとも、お客様のお役に立つために学ぶべきことはたくさんあります。「靴を選ぶ」という大切な行為には、ぜひ人の手を添えて。

豊富な知識を武器に、誠意を込めて接客すれば、必ずお客様は信頼してくださいます。そうした学びや経験から、安心して信頼される販売員が一人でも多く誕生することを祈ります。

（おわりにより）

第1章　今どき、あえて「お店で買うメリット」は？
第2章　売り場づくりは面白い！〜いいお店の見分け方
第3章　靴をもっと知ろう！〜いい靴を選ぶために
第4章　これからの「靴」の売り方・買い方
コラム　足と向き合う大切さを再認識したお客様

一般・婚礼・葬祭に求められる知識と技能

NPO法人日本ホテルレストラン経営研究所 理事長 　大　谷　　　晃
BIAブライダルマスター 　遠　山　詳胡子
日本葬祭アカデミー教務研究室 　二　村　祐　輔　共著

A4判並製・本文240頁／本体3,300円（税別）

　レストランや宴会でのサービスは、スタッフと共に、お客様と向き合いながらこなす仕事です。決して一人で黙々とこなせる仕事ではありません。ゆえに、一緒に仕事をする上司やスタッフと連携するための人間関係がもとめられます。お客様に十分に満足していただくための技能ももとめられます。宴会サービスは、会場設営のプラン作りから後片付けに至るまで料飲以外の業務が多く、また一度に多数のお客様のサービスを担当するので、レストランとは全く違ったスキルが加わります。お客様にとって宴会は特別な時間であるゆえに、失敗が許されないという厳しさもあります。そこでいつも感じるのは、宴会サービスの幅広さと奥深さ、そして重要性です。知識や技能を習得し、それを多くの仲間たちと共有しながらお客様に感動を与えるこの仕事ほど、人間力を高める機会に溢れた職種はないと感じます。　　（はじめにより）

第1章・サービスの基本／第2章・宴会サービスの基本／第3章・婚礼サービス／第4章・結婚式の基礎知識／第5章・葬祭サービス